GTB
Gütersloher Taschenbücher
1298

Was heißt hier Halleluja?

Kleines ABC der Kirchensprache

Buchstabiert
von
Bernhard v. Issendorff
unter Mitarbeit von
Günter Arras – Christine Finkbeiner
Michael Frodien – Harmut Grimm
Reiner Guist – Klaus Jakob Hoffmann
Carola Krieg – Joachim Poescholdt
K. Martin Reinel – Jürgen Seidl
Siegfried Sunnus – Jürgen Telschow
Christof Warnke – Günter Werk

Gütersloher Verlagshaus
Gerd Mohn

Illustrationen von Friedel Steinmann

Die Deutsche Bibliothek – CIP-Einheitsaufnahme

Issendorff, Bernhard von:
Was heißt hier Halleluja? Kleines ABC der Kirchensprache/
buchstabiert von Bernhard von Issendorff. – Gütersloh:
Gütersloher Verl.-Haus Mohn, 1992
(Gütersloher Taschenbücher Siebenstern; 1298)
ISBN 3-579-01298-3
NE: HST; GT

ISBN 3-579-01298-3

Umschlaggestaltung: Dieter Rehder, Kelmis/Belgien
unter Verwendung einer Zeichnung von Friedel Steinmann, Essen
Gesamtherstellung: Clausen & Bosse, Leck
Printed in Germany

Inhalt

Vorwort

Wie dieses Buch entstand und was es möchte

Für die Evangelische Kirche in Frankfurt gibt es seit 1978 eine Mitgliederzeitung, die jedem Haushalt, in dem nur ein Mitglied der evangelischen Kirche angehört, achtmal jährlich mit der Post frei ins Haus geschickt wird. Dieses Blatt soll die Beziehung der Kirchensteuerzahler zu ihrer Kirche stärken. Neben der Information über Einrichtungen und Veranstaltungen, Einladungen und Berichte über Entwicklungen in den Gemeinden, gehört auch die theologische Information zu ihrer Aufgabe.

Die innerkirchliche Sprache, gelegentlich als »Sprache Kanaans« in ihrer Altertümlichkeit und Fremdheit gekennzeichnet, hat sich zum Teil weit von der allgemeinen Verständlichkeit entfernt. Chiffren erlauben innerkirchlich schnelle Kommunikation, doch zugleich vermitteln die den Fernerstehenden den Eindruck, nicht dazu zu gehören. Die religiöse Sprache ist zu einer Fach- und schlimmer noch zu einer Fremdsprache verkommen.

Es war deshalb der Redaktion des *evangelischen frankfurt* von der ersten Nummer an klar, daß sie hier Verstehenshilfe, ja auch Übersetzungshilfe leisten mußte. Deshalb erschien in fast jeder Nummer ein Kasten *aus dem kirchlichen Sprachgebrauch*, der diese religiöse und kirchliche Sprachinformation liefern sollte. Die Absicht war theologisch verantwortlich, möglichst knapp und hoffentlich auch gut lesbar für den Kirchenfernen diese Sprachlehre anzubieten. Das Stichwort, welches für den Kasten gewählt wurde, stammte aus dem Kirchenjahr, aus dem Zusammenhang der kirchlichen Diskussion. So entstand eine Sammlung von zunächst zufällig zusammengekommenen Begriffen, die aber mit der Zeit sich gegenseitig ergänzend und weiterführend zur Sprachlehre wurden, ja zu einer Laientheologie, die Auskunft gibt über viele liturgische, dogmatische, biblische und historische Begriffe. Begriffe werden erklärt, nach denen zu fragen: *was heißt denn das?* der Laie sich nicht zu fragen traut, weil niemand gern zugibt, schlecht informiert zu sein.

Bernhard v. Issendorff

Abendmahl Es geht auf die letzte gemeinsame Mahlzeit Jesu mit seinen Jüngern vor seiner Hinrichtung zurück. Im Mittelpunkt stehen die Worte Jesu, mit denen er das Abendmahl eingesetzt hat: »Nehmet, das ist mein Leib – das ist mein Blut.« Die verschiedenen christlichen Kirchen verstehen und feiern das Abendmahl sehr unterschiedlich:

Nach katholischer Auffassung erhält die Gemeinde durch die »Kommunion« wirklichen Anteil am Leib und Blut Christi. Durch die vom Priester gesprochenen Einsetzungsworte verwandeln sich die Elemente Brot und Wein ganz real in den Leib und das Blut Christi. Nach lutherischer Lehre ist Christus zwar auch »in, mit und unter« den Elementen leibhaft gegenwärtig, aber es geschieht keine Wandlung, sondern Christus »nimmt in Brot und Wein Wohnung«.

Nach reformierter Anschauung »bedeuten« Brot und Wein Leib und Blut Christi. Durch den Empfang der Elemente »vergegenwärtigt« sich der Glaubende Christus.

Im Laufe der Zeit haben sich in den Kirchen sehr unterschiedliche Abendmahlsbräuche gebildet. Katholiken empfangen bei der »Kommunion« nur die Hostie, den Leib Christi. Der Wein bleibt dem Priester vorbehalten. In den evangelischen Kirchen entwickelten sich – meist regional – Traditionen wie die »Wandelkommunion«, bei der die Abendmahlsgäste zum Empfang des Sakraments um den Altar herumgehen. Bestimmte Gruppen in der Gemeinde gehen an bestimmten Tagen zum Abendmahl (Pfingsten geh'n die Jüngsten) usw.

Viele Christen suchen im Abendmahl die Vergegenwärtigung jener alle Grenzen und Mauern zwischen Menschen sprengenden Tischgemeinschaft, die Jesus selbst gehalten hat. Engagierte evangelische und katholische Christen versuchen seit Jahren, durch »Interkommunion« ein Zeichen der Zusammengehörigkeit der Konfessionen zu setzen. Bisher lehnen die Amtskirchen solche Versuche aus theologischen Gründen ab.

In unseren vor allem durch Worte geprägten Gottesdiensten vermittelt das Abendmahl die konkrete Erfahrung gemeinsamen Tuns und Erlebens. Die ersten Christen haben das Abendmahl in Verbindung mit dem gemeinsamen Essen gefeiert, wobei man des gestorbenen, aber wiederkommenden Herrn gedachte. Später stellte man dann den gottesdienstlichen Abendmahlsfeiern eine Beichte voran. So verkünden die Abendmahlsgottesdienste die durch Jesu Sterben geschehene Vergebung der Sünden. *gw*

Aberglaube Er ist die Verfallsform des Glaubens. Glaubensvorstellungen, die sich überlebt haben, die vielleicht noch aus heidnischer Zeit stammen, nennen wir Aberglauben. So kannte die Welt der Germanen Priesterinnen und weise Frauen, die waren geachtet und gefürchtet, sie konnten heilen und Dämonen bannen, aber auch fluchen und Unglück herbeirufen. Als die Germanen christianisiert worden waren, wurden sie als Vertreter des alten Glaubens verachtet, ihnen der Respekt versagt. Nun waren sie Hexen und Teufelsbräute. Wer zu ihnen eilte, hing dem Aberglauben an. Als dann die Hexenverfolgungen begannen und die Feuerhaufen aufflammten, da wollte man so den Aberglauben ausrotten und glaubte dazu – mit aller Jurisprudenz übrigens einig – die Folter als Mittel der Wahrheitsfindung einsetzen zu können. Nun ist der Hexenglauben, die Hexenverfolgung und die Folter als Aberglauben erkannt, was nicht ihre brutale Wirklichkeit mindert, wenn sie erneut auftritt. Gelegentlich nehmen Aberglaubensformen zu, weil sie einer aktuellen Krise entsprechen: So gewann der Aberglaube zum Beispiel im letzten Krieg viele Anhänger, wenn etwa das Herabfallen eines Bildes den Tod eines nahen Angehörigen in der Ferne »anzeigte«. Die Erschütterungen der heimatlichen Wände durch die Bomben und der vielfältige Tod an den Fronten erhärteten die Vorstellung.
Vom Aberglauben ist der Unglaube zu unterscheiden. Er ist die zukünftige Form des Glaubens. Immer wieder eilen Menschen den Anschauungen ihrer Zeit voraus. Ihre Sicht von Gott und der Welt ist ihren Zeitgenossen unverständlich, und so werden sie mit der Anklage wegen Unglaubens und Gotteslästerung überzogen: Solches geschah Sokrates, Jesus, Luther, Galilei, um nur die prominentesten Vertreter zu nennen. Es braucht Jahrhunderte – Jahrhunderte des Leids –, bis die neue Sicht der Wirklichkeit von der Mehrheit

angenommen werden kann, bis aus Unglaube Glauben wird – und bis sich dann wieder die Gefahr auftut, vom Glauben zum Aberglauben abzusinken. *vis*

Advent Das Wort stammt aus der lateinischen Sprache und heißt »Ankunft«. Gedacht wird bei ihm in den christlichen Kirchen an die Ankunft Jesu, an sein Kommen auf diese Welt.

Die Adventszeit ist die Zeit des Nachdenkens über das Auf-die-Welt-Kommen Jesu. Als solche Zeit der Besinnung vor Weihnachten auf das Weihnachtsgeschehen wird sie schon von Christen des 4. Jahrhunderts begangen. Seit dem 6. Jahrhundert gibt es bereits feststehende Gottesdienstordnungen für die Adventssonntage, und aus dieser Zeit sind auch Predigten dazu überliefert.

Die Zahl der Adventssonntage schwankt dagegen noch lange. Von einem Sonntag bis zu sieben vor Weihnachten werden in den unterschiedlichen Teilen der Welt von den Christen als Adventssonntage gefeiert. Schließlich setzt sich im Mittelalter der alte römische Brauch, vier Sonntage vor dem 25. 12. als Adventssonntage zu begehen, durch.

Besonders fränkischer Einfluß ist es, der der Vorbereitungszeit auf Weihnachten den strengen Charakter einer Buß- und Fastenzeit aufprägt. Dieser Charakter der ernsthaften Vorbereitung auf das Weihnachtswunder zeigt sich auch an der Farbe der Altar- und Kanzeltücher der Adventszeit, die violett ist.

Das Lesen von alttestamentlichen Weissagungen auf den kommenden Heiland, das Singen von besonders für diese Jahreszeit gedichteten Liedern, das Anbringen eines großen Adventssternes und das Aufstellen von Lichtern gehören seit vielen Jahrhunderten zu den äußeren Merkmalen evangelischer Adventsfeiern. Einen Adventskranz aufzustellen (aus Tannengrün mit vier Kerzen) ist dagegen eine erst nach dem Ersten Weltkrieg von Norddeutschland her durch die Jugendbewegung sich ausbreitende Sitte. *mf*

Altar Der in evangelischen Kirchen anzutreffende »Altar« dürfte eigentlich nicht als solcher bezeichnet werden. Denn der Altar ist in anderen Religionen und auch in der katholischen Kirche der Ort der Opferdarbringung. Wie auch immer in den verschiedenen Religionen die Altäre aussehen und wie verschieden die Opfer sein mögen, immer ist der Altar der Platz, an dem eine Opfergabe durch Menschen dargebracht und von göttlichen Wesen entgegengenommen wird. Auch nach römisch-katholischem Verständnis ist der Altar »die Stätte des Opfers«, wo durch den Priester während der Feier der Messe der Opfertod Christi vergegenwärtigt wird.

Im evangelischen Gottesdienst aber wird kein Opfer dargebracht. Der Opfertod Christi war einmalig und ist in keinerlei Form zu wiederholen. Deshalb bedarf es in einer christlichen Kirche eigentlich keines Altars im hergebrachten Sinne.

Darum gab es ihn auch in den ersten Jahrhunderten der christlichen Kirche nicht. Bei gottesdienstlichen Zusammenkünften, die anfänglich in Privathäusern stattfanden, bediente man sich des sowieso vorhandenen Tisches zur Nachfeier des einmal von Jesus mit seinen Jüngern am Gründonnerstagabend gehaltenen letzten Mahles. Auch nachdem die Christen die Möglichkeit hatten, größere Versammlungsräume für die Gottesdienste zu benutzen und Kirchen zu bauen, blieb es noch lange bei der Übung, für die Feier des Abendmahles einen Tisch in die Gottesdiensträume zu tragen. Erst ab 400 n. Chr. ist ein im Kirchenraum feststehender Abendmahlstisch gebräuchlich.

In dieser Zeit beginnt auch die Verehrung des Abendmahlstisches als eines besonderen Kultgegenstandes. Es kommt dazu, daß der Tisch geweiht wird. Bald wird es auch Sitte, Gebeine von Märtyrern oder Teile von Heiligen in den Altartisch einzuschließen. Seit 1596 muß jeder Altar einer katholischen Kirche eine Reliquie enthalten.

Luther führt zur urchristlichen Anschauung des »Altars« als Abendmahlstisch zurück. Während aber in der lutherischen Kirche der Altartisch ständig im Kirchenraum verbleibt, lassen die anderen reformierten Kirchen die Gottesdiensträume ohne Altar und tragen zur Abendmahlsfeier den dazu benötigten Tisch in die Gemeinde.

mf

Amt Alle Christen sind im Amt.
Denn das Wort »Amt« leitet sich vermutlich aus dem keltischen »amb[i]aktos = Diener, Bote«, ab.
Christen sind Diener der Menschen um Jesu Christi willen. Und sie sind Boten, denn sie verkünden die Botschaft von dem Wort Gottes, durch das er den Glauben und den Heiligen Geist schenkt.
Doch beruft die Kirche begabte Menschen in das Amt des Pfarrers durch die Ordination, durch Anrufung des Heiligen Geistes und Handauflegung (ordiniertes Amt). Sie sind dafür verantwortlich, öffentlich und ständig auf die Abhängigkeit der Christen von ihrem Herrn Jesus Christus hinzuweisen. Außerdem sollen sie für die Einheit der vielfältigen Gaben von Christen in einer Gemeinde Sorge tragen.
Von diesem Verständnis her ist ein Ausschluß von Frauen aus dem ordinierten Amt nicht möglich.
Allerdings gibt es unterschiedliche Verständnisse des Amtes. Zwischen katholischer und evangelischer Kirche sind die Differenzen am deutlichsten. Die evangelische Kirche betont das allgemeine Amt aller Christen und läßt den Pfarrer durch die Gemeinde zu seinem Dienst berufen. Er hat für Ordnung und Richtigkeit zu sorgen innerhalb der Gemeinde, der Wortverkündigung und der Sakramentsverwaltung.
In der katholischen Kirche wird die Funktion des Bischofs als Garant der wahren Lehre betont. Diese wird durch die apostolische Sukzession, die ungebrochene Nachfolge der Bischöfe seit den Aposteln, gesichert.
Der Bischof ist der Gemeinde vor- oder gegenübergeordnet. Er hat die Kirche, auch in rechtlicher Hinsicht, zu leiten. In der evangelischen Kirche ist die Leitung der Gemeinde die Aufgabe des Kirchenvorstandes, bestehend aus gewählten Vertretern der Gemeinde, dem der Pfarrer angehört. *rg*

Antependium Es ist – wie der kirchenlateinische Name besagt – ein »Vorhang«. Und zwar geht es dabei um ein Verhängen des Altars. Der einfache Altartisch wurde spätestens – so ist es zumindest

aus schriftlichen Quellen erkennbar – seit dem 4. Jahrhundert mit wertvollen Tüchern umhängt. Ließ man ursprünglich an allen vier Seiten kostbare Stoffbahnen herabhängen oder umhüllte den Altar ringsherum mit einer Stoffbekleidung, so wurde es seit dem 8. Jhdt. Sitte, nur an der Vorderseite ein Antependium anzubringen.
Diese Konzentration der besonderen Dekorierung der Stirnseite des Altars hing mit einer Veränderung des Materials für das Antependium zusammen. Es wurden zwar weiterhin Textilien für die Antependienherstellung verwendet, aber immer öfter wurden auch feste Materialien benutzt wie Holz oder Metall. Aus dem textilen Vorhang wurde dann ein fester Vorsatz nur an der Front des Altars mit dem Namen »Frontale«.
In der evangelischen Kirche hat sich das textile Antependium an der Vorderseite als ein meist nicht mehr die ganze Stirnseite des Altars einnehmendes schmales herabhängendes Altartuch durchgesetzt. Ihm entspricht ein gleichfalls aus Stoff geschaffenes Kanzeltuch. Farben und Motive auf diesen Antependien richten sich meistens nach dem Kirchenjahr.
Neben der seriellen Produktion gibt es die Herstellung nach besonderen Vorstellungen einer Gemeinde in Verabredung mit einer speziellen Werkstatt für solche Antependien. Da diese Werkstätten meistens auch noch andere in der Kirche verwendete Textilien wie Wandteppiche, Altargerätetücher – und im katholischen Raum Meßgewänder – anfertigen und man diese Dinge unter dem Begriff »Paramente« zusammenfaßt, werden manchmal auch die Antependien als Paramente bezeichnet.
Bekannte Paramenten-Werkstätten, vor allem bei der Anfertigung gestickter Paramente – oft unter Anwendung mittelalterlicher Stickkunst – sind oft die Diakonissenhäuser. Dort finden sich Schwestern, deren Lebensaufgabe das Herstellen kostbarer Paramente und das Lehren und die Weitergabe dieser Kunst an geschickte Schülerinnen ist.
mf

Apokryphen »Tobias 6 Vers 3,« hieß es, wenn ich einmal vergessen hatte, beim Gähnen die Hand vor den Mund zu halten. Doch fand ich das Buch Tobias in meiner Bibel nicht, als ich nachschlagen wollte, ob da wirklich stände: »O Herr, er will mich fressen!« Das Buch Tobit, so die richtige Bezeichnung, gehört zu den Schriften, die sich zwar in der griechischen Übersetzung des Alten Testaments finden, die aber nicht im hebräischen Text vorhanden sind. Hieronymus hat sie deshalb »apokryph«, d.h. verborgene Bücher genannt. In der katholischen Kirche werden sie höher geachtet als bei Luther, der einen deutlichen Unterschied machte: »Bücher, so der Hl. Schrift nicht gleichzuhalten und doch nützlich und gut zu lesen«. Noch strenger urteilen die Reformierten, die diese Schriften ausschließen. Darunter sind Geschichtsbücher wie die Makkabäerbücher und das Buch Judith von unterschiedlichem historischen Wert: So ist da 1. Makkabäerbuch eine hervorragende Geschichtsquelle, das Buch Judith eine Geschichtslegende. Tobit und Susanna sind novellistische Erzählungen. Psalmen und Weisheitsdichtung findet man in Jesus Sirach und in der Weisheit Salomos. Zum religionsgeschichtlichen Verständnis des Jahrhunderts vor und nach Christus sind diese Schriften von großer Bedeutung.
Im wörtlichen Sinne apokryphe, verborgene Schriften waren die Schriften der Sekte von Qumran, die seit 1948 in Höhlen beim Toten Meer entdeckt und veröffentlicht wurden.
Auch zum Neuen Testament gibt es apokryphe Schriften: Bücher, die zwischen dem 2. bis zum 8. Jahrhundert entstanden und häufig mit viel Phantasie die unbekannten Stellen der Biographie Jesu ausfüllten, so die Kindheit Jesu, seine Höllenfahrt. Andere begründeten bestimmte Lehren, die in der Kirche als haeretisch abgetan wurden, oder korrigierten die biblischen Bücher etwa in der Frage der Schuld des Pilatus. Es wurden auch weitere Apostelgeschichten und -akten verfaßt. Auch entstanden in der Auseinandersetzung besonders mit Paulus weitere Briefe, die ihm selbst oder anderen Autoritäten zugeschrieben wurden.
Übrigens: die Antwort auf die Tobitstelle ist der Hinweis auf Apostelgeschichte 10,14: »O nein, Herr; denn ich habe noch nie Unreines oder Gemeines gegessen«. *vis*

Aschermittwoch Es ist der Tag nach Fastnacht. Mit ihm beginnt die vierzigtägige Vorbereitungszeit auf Ostern, die auch »in den Fasten« oder Fastenzeit genannt wird. Die Sonntage werden nicht mitgezählt, weil sie als Gedenktage der Auferstehung Jesu Christi stets Freudentage sind und deshalb vom strengen Fasten ausgenommen bleiben.

In dieser vierzigtägigen Fastenzeit geht es darum, durch Enthaltung von allem, was das sinnliche Leben angenehm macht und ausfüllt, frei und offen zu werden für eine Begegnung mit der göttlichen Welt. Dieses innerliche Sichlösen von allem, was uns an die sichtbare Welt bindet und hindern will, bereit zu sein für die Anrede durch Gottes Wort, wird in der katholischen Kirche durch einen Bußgottesdienst am Aschermittwoch eröffnet.

Das Symbol der Asche – Aschenkreuz auf der Stirn, früher Bestäubung der Gläubigen durch den Priester mit geweihter Asche – weist dabei auf die Vergänglichkeit und den Tod des Menschen hin.

Die Asche, ein Restbestand des Brandopfers, war im Alten Testament ein Zeichen für Buße oder Trauer. So tat Hiob Buße »in Sack und Asche« (Hiob 42,6), oder Thamar warf sich »Asche auf ihr Haupt und zerriß ihren bunten Rock« (2. Samuel 13,19) als Zeichen der Trauer. Asche wurde also stets dort genommen, wo der Mensch seine Vergänglichkeit vor Gott betonen wollte.

Diese äußeren Übungen (Fasten) und Symbole (inhaltskräftige Zeichen) haben nur dann Sinn, wenn man zum ersten bereit ist, anzuerkennen, daß sich geistliches Leben nicht von der leiblichen Haltung des Menschen trennen läßt. Zweitens, wenn man außerdem bereit ist, sein Leben heiligen zu lassen. Das aber heißt, durch Gottes Wort auf Gott hin ausrichten zu lassen. In der evangelischen Kirche sind, von Ausnahmen abgesehen, von diesen Übungen nur die sogenannten Passionsandachten als Fastenpredigten übriggeblieben. *kh*

Auferstehung In den Göttererzählungen der Völker hört man von Göttern, die durch den Tod aus dem Kreis der Götter ausscheiden. Dies sind Götter, die ein für die Schöpfung notwendiges Element verkörpern, das aber für den Erhalt des Lebens wenig hilfreich erscheint. Sodann gibt es Götter, die durch einen anderen Gott den Tod erleiden, danach aber unter Mithilfe anderer Götter zum Leben zurückgeholt werden. Der Regen- und Fruchtbarkeitsgott der Kanaaniter ist ein gutes Beispiel: Wie der Regen in den Boden eindringt, gerät Baal in die Unterwelt, in die Hände des Totengottes, auf der Erde ist die Trockenheit die Konsequenz des Todes Baals. Freiwillig rückt der Totengott seine Beute nicht heraus, Baal braucht die Hilfe seiner göttlichen Schwester und Frau, Anat. Sie führt einen Ritus mit dem Totengott durch, der den Vorgängen bei der Ernte entspricht, so wird Baal befreit und sendet wieder Regen über die Erde für die neue Saat. Dies wiederholt sich im Jahreszyklus.

Im Vergleich zur Auferstehung Jesu werden die Unterschiede deutlich: Jesu Auferstehung bildet nicht naturhafte Vorgänge ab, sondern ist ein Zeichen der Macht Gottes auch über den Tod hinaus. Jesus stirbt nicht im natürlichen Geschehen, sondern durch Gewalt und Unrecht, die in der menschlichen Gesellschaft herrschen. Jesus ist nicht das Opfer eines anderen Gottes, sondern von menschlicher Gewalt. Sein Tod und seine Auferstehung haben einen Zeitpunkt in der Geschichte, sie wiederholen sich nicht im Jahreszyklus. Selbst die Wiederkehr der Feste im Kirchenjahr wiederholt nicht Geschichte, sondern gedenkt und erinnert. Mit Baals Wiederkehr ins Leben wird dem Menschen der Regen und die Fruchtbarkeit der Felder gegeben, mit Jesu Auferstehung wird für die Menschen die Hoffnung erweckt, daß auch für sie der Tod – und mit ihm Gewalt und Unrecht – nicht das letzte Wort behalten wird und daß Gott das Todesschicksal des Menschen durch seine Liebe und Schöpferkraft aufheben kann.

Obwohl die Lehre von der Auferstehung zum Kern jüdischer Glaubenssätze gehört, finden sich Aussagen dazu in der hebräischen Bibel spärlich und nur in sehr späten Texten. Paulus hatte besonders mit solchen Irrlehrern zu kämpfen, welche die Auferstehung als bereits geschehen ansahen und damit den Verheißungscharakter leugneten. *vis*

Barmen Im Mai 1934 tagte in Barmen die erste Bekenntnissynode. Mit ihr fand der kirchliche Kampf gegen die Einflußnahme des Nationalsozialismus auf die evangelische Kirche sichtbaren Ausdruck. Die NSDAP hatte sich bei den Kirchenwahlen am 23. Juli 1933 durch die Deutschen Christen (DC) in den meisten Landeskirchen durchgesetzt. Am 29. September wählte die Nationalsynode den Bevollmächtigten Hitlers, L. Müller, zum Reichsbischof. Die Großkundgebung der DC in Berlin am 13. November öffnete vielen Christen, die mitgelaufen waren, die Augen: Durchsetzung des Arierparagraphen in der Kirche – Trennung von allem judenchristlichen Erbe, besonders des Alten Testaments (»Geschichten von Zuhältern und Viehdieben«), der jüdischen Lohnmoral – Schaffung eines artgemäßen Christentums unter einem heldischen Jesus.
Niemöller gründete den Pfarrernotbund, Januar 34 hatte er bereits 7000 Mitglieder, der Reichsbischof wollte ihn mundtot machen, öffentliche Kritik und kirchenpolitische Tätigkeit wurde als Amtsverletzung hingestellt. Der Pfarrernotbund erklärte dagegen seinen grundsätzlichen Ungehorsam. Am 29. März trat die Bekenntnissynode in Barmen zusammen, sie beschloß eine theologische Erklärung zur gegenwärtigen Lage der Deutschen Evangelischen Kirche.
In sechs Sätzen wird Zeugnis abgelegt und falsche Lehre verworfen: 1. Nur der Christus der Schrift ist das Wort Gottes, es gibt keine andere Quelle der Offenbarung. 2. Christus befreit aus gottlosen Bindungen, es gibt keine Unterwerfung unter andere Herren. 3. Die Kirche gehorcht allein Jesus Christus, sie kann sich nicht herrschenden Weltanschauungen unterwerfen. 4. Ämter der Kirche sind Dienstämter, das Führerprinzip ist kirchenfremd. 5. Der Staat untersteht dem göttlichen Dienstauftrag, sein Totalitätsanspruch ist ebenso wie die Absicht, die Kirche zum Organ des Staates zu machen, zu verwerfen. 6. Aufgabe der Kirche ist Gottes Botschaft in Predigt und Sakrament, sie kann keinen anderen Zielen dienen.
Das Bekenntnis ist nach 1945 in den Grundordnungen vieler Kirchen aufgenommen worden, wenn auch nicht übersehen werden kann, daß Barmen damals zum Rassismus schwieg und so schuldig wurde an den jüdischen Landsleuten, den Versöhnungsauftrag übersah und so Kriegsplänen in Deutschland nicht entgegentrat. *vis*

Bekenntnis Würde uns ein Angehöriger einer fremden Kultur fragen, was das Wesentliche des Christentums wäre, und der Fremde hätte nicht die Zeit, die ganze Bibel zu studieren; zudem müßte er bei widersprüchlichen Aussagen fragen, was davon Gültigkeit hätte; auch könnten wir mit ihm nicht unterschiedliche Gottesdienste in den verschiednen Konfessionen besuchen, er würde nur verwirrt um Zusammenfassung des Gemeinsamen bitten:
Was könnten wir ihm nennen?
In diesem Augenblick würde sich der Rückgriff auf das Glaubensbekenntnis der Kirche bewähren. In diesen Bekenntnissen hat die Kirche – meist in der Auseinandersetzung mit falscher Lehre – ihre gemeinsame Überzeugung, zugleich Richtschnur der Auslegung der Schrift und der Formulierung für den Gottesdienst, formuliert.
Solche Bekenntnisse kennen alle Religionen, die den Zustand der bloßen Volksreligion hinter sich gelassen haben. Das »Sma Jisrael« (»Höre Israel« mit den Worten von 5. Mose 6,4–9) ist dies Bekenntnis des synagogalen Judentums. Der Islam hat das seine in der zweigliedrigen Formel: »Es gibt keinen Gott außer Allah, Mohammed ist der Gesandte Allahs.« gefunden. Die Rezitation dieser Formel vor Zeugen bedeutet die Annahme des Bekenntnisses. So ist auch im Christentum die Taufe (als Aufnahme in die weltweite Christenheit) mit der Rezitation des Bekenntnisses durch den Täufling bzw. durch seine Paten verbunden.
Am weitesten verbreitet und in den Gottesdiensten benutzt ist das *Apostolikum*. Es ist das Ergebnis der theologischen Entwicklung der ersten christlichen Jahrhunderte. Rufinus schrieb es 404 den Aposteln insgesamt und wies dessen Sätze den einzelnen der zwölf Aposteln zu. Martin Luther hat zu den drei Artikeln dieses Bekenntnisses in seinem Kleinen Katechismus eine Auslegung geschrieben, die zum Lernstoff des Konfirmandenunterrichts über Jahrhunderte gehört hat. Die christlichen Kirchen im deutschsprachigen Raum haben sich beim Vaterunser und beim Glaubensbekenntnis auf eine gemeinsame Textform geeinigt, die bei den Gottesdiensten Verwendung findet. Neben dem *Apostolikum* findet sich das *Nicänum* und seine Weiterentwicklung im *Nicäno-Kon-*

stantinopolitanum, verwendet besonders in feierlichen Gottesdiensten. Diese Bekenntnisse sind formuliert im Arianischen Streit um die Wesensbestimmung der Natur Christi und sprechen auch dem Heiligen Geist die volle Gottheit zu. Zwischen der Ost- und der Westkirche blieb umstritten, ob der Heilige Geist auch vom Sohn (so im Westen) oder nur vom Gottvater (so im Osten) ausgeht. In der Auseinandersetzung mit den Deutschen Christen formulierte die Bekenntnissynode von Barmen ihr Christusbekenntnis. *vis*

Bestattung Das Wort meint die Handlung an einem verstorbenen Menschen auf dem Friedhof. [Näherhin bezeichnet »stat« im Begriff Bestattung den Ort, an dem an den Verstorbenen gedacht wird, nämlich am Grab.] Seit der frühen Zeit der Kirche ist die Sorge für die Toten Kennzeichen der christlichen Gemeinschaft. Dies gibt der christenfeindliche Kaiser Julian als Grund für die Verbreitung des Christentums an. Das jüdische Volk bestattet seine Toten mit liebender Sorgfalt. Nach seiner Auffassung ist es eine Strafe und Schande, nicht begraben zu sein. Auch der Fremde und der Hingerichtete erhalten ein Begräbnis. Das Christentum übernimmt die jüdische Praxis der Erdbestattung. Die Handlung bei der Bestattungsfeier gründet auf Gottes Schöpfung des Menschen mit seinem ganzen Wesen, mit Leib und Seele. Die Gemeinde bestattet die Schwester, den Bruder, über die der leibliche Tod gekommen ist, in der Hoffnung der Auferstehung. »Es ist ein rührender, heiliger, schöner Anblick, einer Leiche ins Gesicht zu sehen, aber sie muß ohne Flitterstaat sein. Die stille, blasse Todesgestalt ist ihr Schmuck und die Spuren der Verwesung ihr Halsgeschmeide und das erste Hahnengeschrei zur Auferstehung.« Diese Gewißheit des ewigen Lebens, wie sie Matthias Claudius überschwenglich ausgesprochen hat, ist Gegenstand der Bestattungsfeier. Ihren Ausdruck findet diese Gewißheit in den Gebeten, Liedern, Lesungen aus der Bibel und in einer Ansprache. Letztere hat einen Bibelvers zur Grundlage, dessen Auslegung deutlich macht, daß die Geschichte Gottes in dem Leben des verstorbenen Bruders sichtbar wurde. Das Wirken der verstorbenen Schwester wird im Lichte ihrer Taufe gesehen. Die

Erinnerung an den eigenen Tod kann ein Thema der Bestattungsfeier sein. Als Bekenntnis der Hoffnung gibt die kirchliche Feier den nahestehenden Menschen Trost in den schweren Stunden. Durch den Segen an den Toten werden die Verstorbenen in die Hand Gottes befohlen. Dieser Segen gründet auf Gottes Verheißung in der Bibel und hat fürbittenden Charakter. Seit Mitte des 18. Jahrhunderts wird die Bestattung, die bislang nur dem kirchlichen Recht unterlag, weitgehend der Staatsaufsicht unterstellt. Es ist Aufgabe der öffentlichen Gesundheitspflege, Friedhöfe einzurichten. Bestattungen dürfen nur auf diesen Plätzen vorgenommen werden. [Die Kosten für die Grabfläche orientiert sich an den kommunalen Verhältnissen.] Ohne ausdrückliche gesetzliche Regelung ist es die Pflicht der Angehörigen, die Bestattung vorzunehmen, und den Willen des verstorbenen Menschen über Ort, Zeit und Art der Bestattung zu wahren. Vor Eintragung des Sterbefalls beim Standesamt darf keine Bestattung vorgenommen werden. Die Feuerbestattung wurde in Deutschland um die Jahrhundertwende durch den Geist der Freidenker befürwortet und eingeführt. Sie ist von der Bibel weder geboten noch verboten. Die Trauerfeier findet in der Regel vor dem Sarg mit dem verstorbenen Menschen statt. Zu einem späteren Zeitpunkt wird die in einer Urne gesammelte Asche beigesetzt. *ck*

Bibel Aus dem in der Antike einst bedeutenden Hafen Byblos an der libanesischen Küste kam bereits im 1. Jahrhundert vor Christus das Mark der Papyrusstaude (biblos) nach Griechenland. Aus diesem Mark wurden die ersten Papierseiten, die dann zusammengebunden die ersten Bücher ergaben. Biblos ist das Buch, und daher hat das Buch der Bücher, die heilige Schrift, seinen Namen. Das Buch der Bücher aber ist eine Sammlung vieler Bücher, eine ganze Bibliothek. Die erste Sammlung ist das Alte Testament, das heilige Buch der Juden und Christen. Die Juden haben es in drei Teile gegliedert. Die Thora (das Gesetz): dies sind die ersten fünf Bücher, die Bücher Mose; die Nebiim (die Propheten): die früheren Propheten sind das Josua-, das Richter-, die Samuel- und die Königsbücher; die späteren Propheten sind Jesaja, Jeremia, Hesekiel und die zwölf kleinen Propheten; die Ketubim (die Schriften): nämlich Psalmen, Hiob, Sprüche, Ruth, Hoheslied, Prediger, Klagelieder, Esther, Daniel, Esra-Nehemia und die Chronikbücher. Von den drei hebräischen Titeln bilden die Anfangsbuchstaben das Wort Tenach, mit dem die Juden die Ganzheit der heiligen Schrift bezeichnen.

In christlichen Kreisen verbreitet sich das Bewußtsein, daß der Ausdruck »Altes Testament« den Irrtum erweckt, es handle sich um ein durch das Neue überholtes Testament. Der Ausdruck »Hebräische Bibel« befriedigt aber auch nicht ganz, denn dann wäre das Neue Testament die griechische Bibel, und damit wäre eine Verwechslung mit der Septuaginta (LXX) gegeben, der griechischen Übersetzung der hebräischen Bibel, die einige Zusätze über den hebräischen Text hinaus enthält, z. B. die Makabäerbücher, das Buch Tobit und das Buch Judith, Jesus Sirach und die Psalmen Salomos.

Im Neuen Testament, der griechischen Bibel, finden wir die vier Evangelien und die Apostelgeschichte, dreizehn Paulusbriefe, den Hebräerbrief, die sieben katholischen Briefe, nämlich Jakobus, zwei Petrus- und drei Johannesbriefe, dazu der Judasbrief, sowie als einzige prophetische Schrift die Offenbarung des Johannes. *vis*

Bibelarbeit ist jede auslegende Arbeit an der Heiligen Schrift, soweit sie nicht in der gottesdienstlichen Predigt geschieht. Sie kann jedoch zu dieser hinführen.

So rief 1525 Zwingli die »Prophezei« im Hochchor des Groß-Münster in Zürich zusammen. Theologen und Studenten nahmen daran teil, sie bemühten sich gemeinsam um die wissenschaftliche Durchdringung des Textes, das Ergebnis wurde dann als Predigt der Gemeinde vorgetragen. Andere Städte übernahmen diese Einrichtung, durch Flüchtlinge kam sie nach England und wurde zu einer Quelle des Puritanismus. Bemühte sich die Prophezei im Groß-Münster besonders um das Alte Testament, so hielt O. Myconius seit 1524 im Fraumünster derselben Stadt Bibelarbeiten über das Neue Testament. In Genf wurde ab 1550 vorgesehen, daß die Diener des Wor-

tes an einem Tag in der Woche nach der Predigt Rede und Antwort zu stehen hatten.
In Wesel wird 1568 eine regelmäßige Bibelbesprechstunde als Gemeindeveranstaltung in einer Kirchenordnung erwähnt.
Der Pietismus griff die Idee der Zusammenkunft über der Bibel zum Studium, zum Gespräch und zum Gebet auf. Am 3. Oktober 1669 hat Philipp Jakob Spener in Frankfurt Zusammenkünfte vorgeschlagen, bei denen die biblischen Texte vernommen und erbauliche Texte gelesen werden sollten. Der schwäbische Pietismus ist in seinem Biblizismus von den »Stunden« geprägt worden: Zusammenkünfte zum Bibelstudium und zum Gebet, die nicht nur von Pfarrern, sondern auch von frommen Männern gehalten wurden, den Stundenhaltern.
Die Erweckungsbewegung des 19. Jahrhunderts ist ohne die Bibelarbeiten der »Stillen im Lande« – oft Laien, selten auch Pfarrer, jedoch ohne kirchliche Ordnung, manchmal im Gegensatz zur verfaßten Kirche – nicht denkbar. Die durch die Erweckung geprägte Innere Mission wendet sich mit Bibelarbeit an die Menschen, die der Bibel und Kirche entfremdet sind.
1883 entsteht in Wuppertal-Elberfeld das erste »Bibelkränzchen«, insbesondere Gymnasiasten schlossen sich um »BK« zusammen, aus dem Kränzchen wurde der Kreis. Im BK gingen Jugendbewegung und erweckte Bibelfrömmigkeit eine harmonische Verbindung ein.
In den Gemeinden wurden der Bibelabend, Bibelwochen und Bibelkreise zum selbstverständlichen Angebot. Dabei haben sich seit den siebziger Jahren dieses Jahrhunderts die Methoden (nicht mehr nur frontale Belehrung), nicht aber der Inhalt gewandelt, dies drückt sich in der Namensgebung aus: »Theologischer Arbeitskreis« oder »Bibel und Selbsterfahrung« oder »Gespräch über der Bibel«.
Häufig finden wir ökumenische Bibelgespräche zwischen den evangelischen und katholischen Gemeinden der Nachbarschaft. Das gemeinsame Studium der Heiligen Schrift als der verbindenden Urkunde des Glaubens bringt die Konfessionen näher zueinander.
Einen festen Platz hat die Bibelarbeit beim Evangelischen Kirchentag, wo die Bibelarbeiten prominenter Theologen und Laien viele

Ich bin völlig geschafft von der Arbeit...
Straßenbau?
Bibelarbeit!
Au Backe

Tausende zusammenführen. Auch im Religionsunterricht findet nach Zeiten einer stärkeren Vorherrschaft ethischer und dogmatischer Fragen die Bibel wieder stärkeres Interesse. *vis*

Bischof Auf einem erhöhten Stuhl, einer Art Thron, hatte der Marktaufseher am Ende der Halle seinen Platz. In einigen Fällen sprach er Recht und entschied in Streitfällen. Die öffentliche Markthalle hieß »Basilika« (die Königliche), sie wurde zum Modell im Grundriß des Kirchenbaus, als mit dem Kaiser Konstantin die Kirche aus der Verfolgung heraustrat und zur Staatskirche wurde. Der Thron wurde zum Platz des Aufsehers, griechisch Episkopos, der zum Bischof wurde und für den kirchlichen Frieden zu sorgen hatte und Recht sprach im Namen der Kirche – und bald auch des obersten Schutzherrn der Kirche auf Erden, des Kaisers. In seinem heutigen bischöflichen Ornat kann man noch die Abkunft von den höheren byzantinischen Staatsbeamten erkennen.
Ursprünglich steht der Bischof einer Gemeinde, einer Stadt vor, erst später kommt das umliegende Land mit seinen Pfarreien hinzu. Dann betreut der Bischof eine Diözese, einen kirchlichen Verwaltungsbezirk. In Missions- und Diasporagebieten können diese eine große Ausdehnung haben. Der Bischof weiht die Priester, wie der evangelische Bischof die Pfarrer ordiniert. Der Bischof ist der Seelsorger seiner Priester, er versorgt sie, die Priester sind ihrerseits seine Stellvertreter vor Ort und ihm gegenüber zur besonderen Treue und Gehorsam verpflichtet. Der Bischof besetzt die vakanten Pfarrstellen, er kann seine Priester, wie es ihm richtig erscheint, versetzen. In der römisch-katholischen Kirche ist der Bischof allein berechtigt, das Sakrament der Firmung zu spenden, deshalb treten neben den Diözesanbischof Weihbischöfe, die ihren Bischof unterstützen. Die Bischofwürde wird lebenslang verliehen. Von besonderer Bedeutung sind die nationalen Bischofskonferenzen.
Wie die orthodoxe und die katholische Kirche haben auch die anglikanische und die lutherische Kirche eine Bischofsverfassung. Reformierte und unierte Kirchen dagegen haben auf das »Bischofsamt« an manchen Orten verzichtet und eine kollektive Kirchenführung oder

ein Präsidentenamt gewählt. Der wesentliche Unterschied ist, daß es sich dann um eine zeitlich begrenzte Verantwortung und Funktion handelt.
Neben den Bischof treten die Synoden als die gesetzgebende Gewalt in der Kirche. *vis*

Christi Himmelfahrt Die Glaubenserfahrung der Jünger Jesu, daß ihr Herr trotz seines Sterbens am Kreuz nicht der Macht des Todes unterworfen blieb, findet in verschiedenen Ausformungen in den neutestamentlichen Schriften ihren Niederschlag. Sowohl Paulus – in seinen Briefen – wie Lukas – in seiner Apostelgeschichte – geben bereits überlieferte alte Glaubensbekenntnisse wieder mit der Aussage: Jesus ist gestorben; aber Gott hat ihn auferweckt und zu sich erhöht.
Diese »Erhöhung, zur Rechten Gottes«, wird bei Paulus oder den Evangelisten Matthäus, Markus und Johannes nicht näher ausgeführt. So daß neutestamentliche Forscher annehmen, Auferwekkung und Erhöhung seien ursprünglich als ein einheitlicher Vorgang gesehen worden. Die göttliche Tat, daß er seinen im Gehorsam gestorbenen Boten der Macht des Todes entreißt und ihm an seiner eigenen ewigen Lebendigkeit Anteil gibt, wurde nicht als ein in verschiedene Vorgänge zerlegtes Geschehen, sondern als Einheit betrachtet.
Für den Evangelisten Johannes ist die Erfüllung des göttlichen Auftrags so sehr mit dem Tod seines Gesandten am Kreuz gegeben – sein letztes Wort ist: »Es ist vollbracht« –, daß dieses Kreuzesgeschehen nicht nur die tiefste Tiefe dieses Lebens ist, sondern auch seine Erhöhung. Darum spricht Jesus in diesem Evangelium immer wieder mit diesem doppeldeutigen Ausdruck davon, daß er am Kreuz erhöht werden müsse.
Allein Lukas unternimmt es, am Ende seines Evangeliums und im ersten Kapitel seiner Apostelgeschichte diese Erhöhung Jesu durch Gott mit einer kleinen Geschichte darzustellen. Diese kurze, aber anschauliche Darstellung ist als Himmelfahrtsgeschichte weithin prägend für späteres Reden von der Erhöhung Jesu zur Rechten

Gottes geworden. Daß Jesus »zusehends aufgehoben und schließlich von einer Wolke verhüllt wurde«, hat als »Christi Himmelfahrt« in Wort und Bild vielfältigen Ausdruck durch die Jahrhunderte gefunden. *mf*

Christlich-jüdischer Dialog Einmal jährlich wird in der Bundesrepublik eine Woche der Brüderlichkeit gefeiert. Heinrich Böll hat vor Jahren einmal das Beschämende einer solchen Alibiwoche aufgezeigt. Brüderlichkeit bedarf keiner besonderen Woche oder es ist keine!

Die Gesellschaften für christlich-jüdische Zusammenarbeit, es gibt fast in jeder Stadt solche Gesellschaften, und ihr Koordinierungsrat wissen um solche Problematik und kämpfen um Bewußtseinswandel in der deutschen Bevölkerung, sie suchen Begegnungen und Gespräche mit jüdischen Menschen hier im Lande und in Israel. Vielen sehr rührigen Gesellschaften fällt es schwer, jüdische Gesprächspartner zu finden. Vielerorts sind die jüdischen Gemeinden gänzlich ausgerottet. Mancher der wenigen Überlebenden des Holocaust hat nicht die Kraft und auch nicht das Vertrauen, das zu einem Dialog nötig ist. Die Nachkriegsgesellschaft in Deutschland hat ihm auch nicht die Erfahrung vermitteln können, daß Rassismus und Antisemitismus für alle Zeiten überwunden wären.

Die Gesellschaften für christlich-jüdische Zusammenarbeit, ebenso wie die in vielen Landeskirchen bestehenden Arbeitskreise »Kirche und Israel«, wirken also in erster Linie in die Kirche, in die christliche Gesellschaft hinein. Wie Lomdim (das hebräische Wort für Lernende), ein Verein zum Kennenlernen des Judentums und zum Lernen vom Judentum, bemühen sie sich, Wissen zu vermitteln, Vorurteile auszuräumen, also auf christlicher Seite Grundlagen für einen künftigen Dialog zu schaffen.

Obwohl es wichtige jüdische Gelehrte gab und gibt, die im Gespräch mit dem deutschen Geistesleben und der christlichen Religion standen – Franz Rosenzweig und Martin Buber, Shalom Ben Chorim und Pinchas Lapide etwa –, wird von kompetenten jüdischen Partnern oft die Möglichkeit eines christlich-jüdischen Dia-

logs bezweifelt, eines Dialoges, der mehr sein will als Missionspredigt. Die entscheidende Frage, die sie an die Christen stellen, ist: Wollt ihr wirklich ein Gespräch mit uns, die ihr uns in euren heiligen Schriften, in eurer ganzen Kirchengeschichte immer als Mörder, Christus- und Gottesmörder, bezeichnet? So lange dieser Vorwurf erhoben wird, könnt ihr doch nicht den Dialog wollen.
Die Landessynode des Rheinlands ist 1980 einen Weg gegangen »zur Erneuerung des Verhältnisses von Christen und Juden«. Ausgehend vom Holocaust hat man zuerst über Einendes, Gott, Bibel, Gottesdienst nachgedacht und dann entdeckt, daß Trennendes neubedacht werden muß, so der Begriff des Messias oder die Forderung nach Judenmission. Viele Landeskirchen haben die Erklärung übernommen oder ähnliches formuliert. Gespräch verändert die Gesprächspartner. Noch haben sich sehr wenige Christen aufgemacht, sich zum wirklichen Gespräch mit den Juden zu verändern. *vis*

Christus Der Titel Christus ist für Jesus, den Gekreuzigten und Auferstandenen, so kennzeichnend geworden, daß er wie ein Teil eines Eigennamens benutzt wird und von nicht wenigen Menschen heute so verstanden wird. Dabei hängt dieses Wort mit Chrisma, dem Salböl, zusammen, wie es bei der Krankensalbung oder auch bei Königen verwandt wird. In der Salbung der orthodoxen Kirche – sie ist mit der Taufe verbunden – und in der römisch-katholischen Kirche in der Firmung ist es Zeichen der Christusebenbildlichkeit des Täuflings. In Israel gibt es Salbungen des Hohenpriesters (3. Mose 4,6) und der Könige, besonders Davids, und der Nachfolger aus seinem Hause – der »Christus« – ist ein Davidssohn. Der Gesalbte, das ist der Messias. Erstaunlicherweise wird dieses Wort aber nicht für den erwarteten König der Endzeit gebraucht – wohl weil allein »Jahwe«-»Gott« Herr der zukünftigen Geschichte ist.
Die jüdische Sekte von Qumran freilich erwartete für die Endzeit zwei Gesalbte, den hohenpriesterlichen Messias und den königlichen, wobei der hohepriesterliche Messias den Vorrang vor dem König innehat.
Messias wird in der Septuaginta, der griechischen Übersetzung der

hebräischen Bibel, mit Christos wiedergegeben. Im Neuen Testament wird dieser Titel 529mal verwandt, davon allein 379mal von Paulus, dagegen in den etwa eine Generation später entstandenen Evangelien sehr selten (Markus 7; Lukas 12; Mt 17; Johannes 19mal). Darin spiegelt sich wider, daß in den judenchristlichen Gemeinden und in der Synagogendiskussion, wie sie zweifellos Paulus führte, dieser Titel verstanden wurde, nicht aber mehr in den späteren heidenchristlichen Gemeinden.

Im profanen griechischen Sprachgebrauch ist Christos als Titel nicht bezeugt, er mußte deshalb leicht zu Mißverständnissen Anlaß geben. So ist Christus bereits bei den hellenistischen Christen zum Eigennamen geworden und wanderte von der Titelstellung vor dem Jesus (so bei Paulus noch sehr häufig) hinter den Vornamen Jesu als quasi Nachname. Der unter den Heidenchristen an erster Stelle stehende Titel ist Kyrios (Herr, Gebieter, Beherrscher, Machthaber, Besitzer), und so findet sich auch die Zusammensetzung Kyrios Jesus Christus. Der Kyrios des römischen Reiches war der Kaiser. Dieser Titel bezeichnet die irdische Macht des Caesaren, reflektiert nicht seine Vergöttlichung im Kaiserkult. Mit Recht haben die römischen Machthaber empfunden, daß der Kyrios Jesus Christus ihre Macht begrenzt.

Jesus hat keinen eigenen Nachnamen gehabt, wollte man ihn von anderen Männern mit dem Namen Jesu unterscheiden, so zählte man seine Ahnen auf: Matthäus 1,2–16 zählt alle Ahnen von Abraham bis Joseph auf, Lukas 3,23–38 führt von Joseph bis zu Adam »der war Gottes«. *vis*

Dekanatssynode Sie ist »für die Ausrichtung des kirchlichen Dienstes in ihrem Bereich verantwortlich«. Sie trägt also die Verantwortung für das gesamte kirchliche Leben in einem bestimmten Territorium.

Darum soll die Dekanatssynode sich zuerst sowohl »über die kirchliche und weltanschauliche Lage« wie »über die öffentlichen und sozialen Vorgänge« in ihrem Bereich informieren und sodann die Gemeinden zu einem entsprechenden Verhalten veranlassen oder

auch selbst aktiv machen. Sie achtet darauf, daß der missionarische und diakonische Auftrag der Kirche erkannt und nach Kräften erfüllt wird. Dazu überlegt sich die Dekanatssynode die für die Gemeinden notwendigen Arbeitsvoraussetzungen und Ausstattung, gibt Anregungen und leistet Hilfestellung.
Solche Aufforderungen zu bestimmtem Handeln und Unterstützungsangebote von seiten der Dekanatssynode sollen die Gemeinden nach dem Willen der Kirchenordnung auch akzeptieren: »Jede Gemeinde soll die Hilfe der Dekanatssynode annehmen und sich ihren Weisungen und gemeinsamen Aufgaben nicht entziehen.« Es gibt aber auch ein Einspruchsrecht gegen Beschlüsse der Dekanatssynode bei der Kirchenleitung.
Neben dem Leben der Gemeinden im Bereich ihres Dekanats hat die Dekanatssynode aber auch das Recht, kirchliche Zustände im Bereich der Landeskirche und darüber hinaus ins Auge zu fassen und zu besprechen. Sie soll nach dem Willen der Kirchenordnung sogar ganz bewußt »die Verantwortung der Einzelgemeinde für die Gesamtkirche« schärfen. Dabei hat sie auch die Möglichkeit, Wünsche oder Beschwerden entweder an die Synode der Landeskirche oder die Kirchenleitung zu richten.
Jedes Dekanat ist in der Kirchensynode durch Mitglieder vertreten, die die Dekanatssynode in dieses kirchliche Entscheidungsgremium der Landeskirche wählt.
An der Spitze der Dekanatssynode steht ein fünfköpfiger Vorstand, den diese sich selbst gibt. Die Vertreter der Gemeinden, die ein Dekanat bilden, wählen bei der konstituierenden Sitzung der Dekanatssynode einen Dekanatssynodalvorsitzenden – der kein Pfarrer sein darf –, einen Pfarrer und zwei Nicht-Pfarrer. Außerdem gehört der Dekan von Amts wegen zum Dekanatssynodalvorstand.
Aber auch der Dekan ist von der Dekanatssynode in sein Amt gewählt. Nur überschneidet sich seine Amtszeit mit der Laufzeit einer Dekanatssynode; da der von der Synode eines Dekanates zum Dekan gewählte Pfarrer neun Jahre diese Aufgabe wahrnimmt, während die Dekanatsynode nur für sechs Jahre im Amt ist.
Sie wird entsprechend den Kirchenvorstandswahlen alle sechs Jahre durch die neuen Kirchenvorstände neu beschickt. Dabei entsendet

ein Kirchenvorstand seine Pfarrer und Pfarrvikare sowie für jeden dieser Theologen zwei Nicht-Pfarrer in die Synode des Dekanats. Darüber hinaus kann der Dekanatssynodalvorstand auch noch einige weitere Mitglieder in die Dekanatssynode berufen. Zusammentreten muß die Synode eines Dekanates mindestens einmal im Jahr.
In Frankfurt, wo die 73 Gemeinden und sieben Dekanate den Evangelischen Regionalverband Frankfurt am Main bilden, wählen die Dekanatssynoden auch die Vertreter der Dekanate in die Evangelische Regionalversammlung. Dort versuchen sie zusammen mit den Vertretern, die die Gemeinden durch ihre Kirchenvorstände entsenden, den Auftrag der evangelischen Kirche in dieser Stadt zu erkennen und zu verwirklichen. *mf*

Diakonie Die Katholiken drücken sich lateinisch aus: Caritas. Die Evangelischen nennen es auf Griechisch: Diakonie. Und die Deutschen sagen: Wohltätigkeit.
Der Begriff »Diakonie« kommt oft in einer Wortverbindung vor: Diakonisches Werk, Haus der Diakonie, Diakonieanstalt. Er steckt auch in den Berufsbezeichnungen »Diakon« und »Diakonisse«.
»Diakonie« ist wie viele Fremdworte im kirchlichen Sprachgebrauch durch das Neue Testament zum Begriff geworden. In einer Geschichte im Lukasevangelium bekommt ein Knecht den Auftrag, das Essen zu richten und aufzutragen. Hier findet sich der ursprüngliche Sinn des Wortes: »bei Tisch bedienen«.
Ein Mensch, der zu bedienen hatte, stand zur Zeit Jesu in keinem hohen Ansehen. »Wie könnte ein Mensch glücklich sein, der irgendeinem dienen muß?« fragten sich die Griechen. Jesus wertet das Dienen ganz anders. Nach dem Lukasevangelium sagt Lukas seinen Jüngern: »Der Größte unter euch soll wie der Jüngste sein und der Führende wie der Dienende. Denn wer ist größer: der bei Tisch sitzt oder der dient? Doch wohl der, der bei Tisch sitzt. Ich aber bin unter euch wie der Dienende.«
Den Begriff des Dienens bezieht Jesus nicht nur auf den Tischdienst. Er versteht darunter vielmehr eine ganze Reihe von Tätigkeiten, wie

dem Matthäusevangelium zu entnehmen ist: beherbergen, bekleiden, Kranke und Gefangene besuchen, zu essen und zu trinken geben. In diesem Sinn kann »Diakonie« all das sein, was christliche Liebe für den Nächsten tut. Am eigenen Beispiel macht Jesus darüber hinaus deutlich, daß dienen sich letztlich vollzieht in der Hingabe des Lebens. Dienen ist: für andere da sein im Leben und im Sterben. So hat es Jesus verstanden und gehalten.
Es ist also keine Nebensache gemeint, auf die verzichtet oder mit der gespart werden könnte. »Diakonie« drückt im kirchlichen Sprachgebrauch aus, was geschieht, wo man Christus folgt und glaubt. *cw*

Diaspora setzt sich aus Dia- und -spora zusammen. »Dia« heißt »durch« und »spora« »zerstreut, vereinzelt«. Diaspora kann man mit Verstreuung übersetzen. Damit ist Wesentliches über die Bedeutung ausgesagt: Etwas, das zahlenmäßig weit kleiner ist, wird über eine große Fläche verstreut oder unter eine größere Zahl Anderer gemischt.
Wird in der Kirche von einer Diaspora-Situation geredet, so muß man zwei Bereiche unterscheiden: Die christliche Diaspora und die konfessionelle:
In vielen Ländern befindet sich das Christentum in einer Diasporasituation. Es gibt viele christliche Gemeinden, ja sogar Kirchen (z.B. die koptische Kirche in Ägypten) in der ganzen Welt, die als Minderheiten unter Andersgläubigen leben. Mittlerweile entsteht diese Situation auch in den großen Städten Deutschlands:
Dort gibt es evangelische und katholische Kirchengemeinden, die nur noch wenige Mitglieder haben, gemessen an der Zahl der Moslems, Hindus oder Religionslosen, die in deren Kirchengebieten wohnen.
Von einer konfessionellen Diaspora spricht man, wenn – zum Beispiel innerhalb Deutschlands im überwiegend katholischen Bayern – die Situation der evangelische Kirche im Blick ist. Im überwiegend evangelischen Norden Deutschlands stellt sich die Situation umgedreht dar.

In der einstigen DDR ist in gewisser Weise eine doppelte Diasporasituation für die katholische Kirche gegeben: Sie muß zum einen in einem überwiegend protestantischen Gebiet und zum anderen in einer vom ehemalig atheistischen Staat geprägten Gesellschaft leben.
Aus der Diasporasituation ergeben sich zwei Anforderungen: Die Verbindung und Unterstützung zu Gemeinden gleicher Konfession und die Zusammenarbeit mit der anderen Konfession beziehungsweise anderen Religion. In der konfessionellen Diaspora findet diese Zusammenarbeit in vielen Formen statt (z. B. Mitbenutzung kirchlicher Räume). Unter den Religionen muß sich der Dialog und das gegenseitige Kennenlernen erst noch ausweiten. *rg*

Dimissoriale Das aus dem Lateinischen stammende Wort Dimissoriale ist ein Begriff aus dem kirchlichen Recht. Es ist gleichbedeutend mit dem Wort Demission: Entlassung.
In der evangelischen Kirche ist Dimissoriale eine Bescheinigung, mit der der zuständige Pfarrer sein Einverständnis erklärt, daß ein Gemeindeglied von einem nicht zuständigen Pfarrer eine Amtshandlung vornehmen lassen kann. Es ist für den nicht zuständigen Pfarrer gleichzeitig die Bestätigung, daß die Person, für die ein Dimissoriale ausgestellt ist, Mitglied der Kirche ist.
Beispiel: Karl Müller gehört zur Evangelischen Titusgemeinde. Er möchte aber in der Evangelischen Philemongemeinde getraut werden, weil seine Braut zu dieser Gemeinde zählt. Karl Müller braucht dazu ein Dimissoriale seines Gemeindespfarrers. Das Dimissoriale kann in diesem Fall folgenden Wortlaut haben: »Herr Karl Müller, geboren am 10. 9. 47, getauft am 24. 3. 48 und konfirmiert am 2. 4. 61, gehört der hiesigen Kirchengemeinde an. Gegen die Trauung in der Evangelischen Philemongemeinde bestehen von hier aus keine Bedenken.«
Ein Dimissoriale wird immer dann benötigt, wenn ein Kirchenmitglied in einer Gemeinde, zu der er selber nicht gehört, eine Amtshandlung vornehmen lassen will. Amtshandlungen sind: Taufe, Konfirmation, Trauung, Bestattung. Auch bei Übernahme eines

Da kann Jhnen nur noch ein Dimissoriale helfen!
Schluck! So schlimm steht es mit mir?

Patenamtes außerhalb der eigenen Gemeinde bedarf es eines Dimissoriales, meist »Patenschein« genannt.
Über Amtshandlungen führt jede Kirchengemeinde genau Buch. Das heißt: Jede Taufe, Konfirmation, Trauung und Bestattung wird in einem besonderen Buch schriftlich mit Namen und den zugehörigen Daten amtlich registriert. Viele Kirchengemeinden führen schon seit mehreren Jahrhunderten solche Register und bewahren damit Dokumente, die manchen Aufschluß über ihre Zeit geben (z. B. über Kindersterblichkeit) und oft unentbehrlich sind, wenn jemand die Geschichte einer Familie erforschen will.
Ein Dimissoriale ist nicht nötig, wenn ein Kirchenmitglied außerhalb seiner Gemeinde einen kirchlichen Dienst oder ein kirchliches Angebot wahrnehmen möchte, das nicht eine Amtshandlung ist. Beispiel: Zur Teilnahme am Gottesdienst, Abendmahl, an einem Bibelkreis usw. in einer anderen als der eigenen Gemeinde ist jeder frei und braucht er kein Dimissoriale. Über die Teilnahme an solchen Diensten und Angeboten führen die Kirchengemeinden auch keine offiziellen Register. *cw*

Dogma Das aus dem Griechischen stammende Wort meint einen Beschluß, ein Dekret. Der gewählte, berufene, geborene oder selbsternannte Gesetzgeber bestimmte so das Geschehen. Die Philosophen als geborene Gesetzgeber erheben ihre Meinung zum Dogma, das damit die Bedeutung von »philosophische Lehrmeinung« gewinnt.
Die Welt der hebräischen Bibel und Jesu von Nazareth kennen keine Dogmen. Lehrer erzählen von den Erfahrungen des Volkes. Das erzählte Leben ist vielfältiger, farbiger als der philosophische Lehrsatz. Das Leben kann Gegensätze vereinen, die philosophische Logik ausschließt. Deshalb erzählt Jesus in Form von Gleichnissen vom Reich Gottes. Als aber die christliche Botschaft in die griechische beziehungsweise hellenistische Welt eindrang, da reichten den gebildeten Römern und Griechen die Erzählungen vom schillernden Leben nicht mehr. Um Taufbewerbern deutlich zu machen, was Sache des christlichen Lebens sei, mußte man eindeutige Formulie-

rungen finden, die der Taufbewerber auswendig lernen und aufsagen konnte. So entstanden die frühchristlichen Bekenntnisse, die heute noch im Gottesdienst verwendet werden. Das Glaubensbekenntnis kann seine Herkunft aus der Welt des erzählten Lebens – besonders im 2. Artikel, der die Biographie Jesu enthält – nicht leugnen. Es galt zudem die Gotteserfahrung der Wüstenwanderung des Volkes Israel, der Zeit des Königtums und der Propheten mit der Erinnerung an den Gekreuzigten zu verbinden und in Beziehung zu den Erfahrungen mit dem Heiligen Geist zu setzen, der das Leben der Urgemeinde so sehr bestimmte.

Auseinandergehende Erfahrungen vereinigt das Dogma. Daß dabei vereinfacht wird, ist nicht zu vermeiden. Und weil natürlich die Denkstrukturen und Kategorien der antiken Philosophie benutzt werden, wird damit auch das erzählte Leben verändert. Heute ist häufig nicht mehr klar, daß bestimmte Begriffe (wie beispielsweise Seele, Unsterblichkeit) gar nicht zur biblischen Botschaft gehören, sondern Interpretation griechischer Philosophie sind. Auch in der katholischen Kirche, die im Papsttum ein verbindliches Lehramt kennt, ist die Lehrbildung nicht abgeschlossen.

Die Dogmen sind aus ihrer Zeit, in der sie formuliert wurden, zu verstehen, sie dienen der Botschaft, sind nicht Selbstzweck. Sie dienen dem Glauben. Nach evangelischer Sicht werden sie nicht geglaubt. Der Glaube zielt nicht auf das Dogma, sondern allein auf den lebendigen Gott, das Dogma aber soll helfen, die Richtung nicht gänzlich zu verfehlen. *vis*

Ekstase »Da geriet der Geist Gottes über Saul... und sein Zorn entbrannte sehr.« So oder ähnlich finden wir in der hebräischen Bibel beschrieben, wenn Gott in einen Retter für sein Volk eingreift. Saul zerstückelt seine Rinder und ruft das Volk so zur Rettungstat für eine bedrohte Stadt auf. Er tut etwas Ungewöhnliches, was nicht seinem gewohnten Erfahrungshandeln entspricht. Er wird von Gott gelenkt.

Als David vor Saul flieht, schickt der ihm ein Kommando nach, David zu verhaften, doch die Männer der Abteilung geraten in Ver-

zückung und können den menschlichen Befehl nicht mehr ausführen, zwei weiteren Truppen geht es in gleicherweise, schließlich sogar Saul selbst, der zieht sich nackt aus und liegt vor dem Propheten unfähig, die Kontrolle über sich selbst wiederzugewinnen. Seine Selbstbestimmung ist ausgeschaltet. Er ist »außer sich«, so sagen wir in Verkennung der Subjekt-Objektbestimmung.
Im Neuen Testament beschreibt Paulus Entrückung, die dem Phänomen der Ekstase entspricht, denn er ist aus sich herausgetreten und macht himmlische Erfahrungen. Auch die Zungenrede geschieht in der Ekstase. Solche Phänomene lassen sich in allen Kulturen beobachten, sie gehören zu den Erfahrungen, die die Normalität überschreiten, aber weder unnatürlich noch außernatürlich sind. Solche Erfahrungen können durch monotonen Gesang, langanhaltendes rhythmisches Klatschen und Tanzen, durch innere Präparation, durch Fasten, aber auch durch den Konsum von Drogen provoziert werden. Es kann zur Sucht werden, solche Erfahrungen zu machen, wie es andererseits auch als belastend und unheimlich erfahren wird, die Kontrolle über sich zu verlieren und dabei zu überraschenden Leistungen fähig zu werden.
Der Apostel Paulus lehrte, diese Fähigkeiten des Menschen nicht zu verachten, doch er unterwarf sie dem Kriterium des Nutzens für die Gemeinde. Der Gemeindeaufbau, die tätige Liebe unter den Menschen hat den Vorrang, demgegenüber muß die Ekstase zurücktreten. Doch es hat andererseits den christlichen Gemeinden nicht gut getan, die Ekstase aus der Kirche zu verbannen. Sie hat damit viele Menschen in die Separation und zu eigenen Gemeindebildungen oder in den Untergrund getrieben, immer in der Gefahr, als Haeretiker gebrandmarkt und verfolgt zu werden. *vis*

Engel Gott schickt Boten zu den Menschen, die ihnen Aufträge, Verheißungen, Hilfen und Ermahnungen zukommen lassen. Meist werden diese Menschen nicht als besondere Wesen erkannt, sie unterscheiden sich durch nichts von anderen Menschen, denn sie treten ja selbst ganz zurück zugunsten der Botschaft. Genausowenig wie die guten Boten von sich aus, sondern nur an ihrer Botschaft

erkannt werden können, so können die Dämonen der Verführung zum Bösen erkannt werden. Erst durch die Bedeutung erkennt der Mensch mit Erschrecken die Begegnung mit dem Göttlichen.
Wenn Jakob von der Himmelsleiter träumt, auf der die Boten Gottes hinauf und herunter gehen, dann sagt es ihm, daß Gott seine Beziehung zum Menschen – auch zu ihm, der besonders an seinem Bruder und an seinem Vater schuldig geworden ist, – nicht abreißen läßt. Daß diese Geistwesen geflügelt vorzustellen seien, davon ist nicht die Rede.
Dionysius Areopagita (Mitte des 6. Jahrhunderts) entfaltet eine Engelshierarchie: An der Spitze stehen die sieben Erzengel, von denen Michael und Gabriel in der Bibel namentlich genannt werden, gefolgt von den himmlischen Heerscharen, die dem Schöpfer und dem Heilsbringer Jesus Lob zu singen. Auf dem siebten Konzil von Nicäa ist beschlossen worden, daß die Ikonen der Engel den Gruß, den Kuß und den Kniefall verdienen.
Von Martin Luther gibt es Michaelspredigten, doch möchte er, daß sein Fest (29. September) nicht als ein Engels-, sondern als ein Gottesfest gefeiert wird, denn Gott hat die Engel geschaffen, ihm allein gehört die Anbetung. Im zweiten Artikel von Schmalkalden wird die Engelsanrufung als Abgötterei verworfen, damit ist eine Engelsverehrung – gleichgültig wie die Frage, ob es Engel gäbe, zu entscheiden ist – abgelehnt. Um die Wiedererweckung des Michaelisfestes hat sich die liturgische Reformbewegung seit den zwanziger Jahren dieses Jahrhunderts in Deutschland bemüht. *vis*

Epiphanias Dieses aus der griechischen Sprache stammende Wort bezeichnet die »Erscheinung der Herrlichkeit Gottes«. In der christlichen Kirche ist damit die Erscheinung Gottes in Jesus Christus gemeint. Als im 4. Jahrhundert im Orient begonnen wurde, am 6. Januar den Epiphaniastag zu feiern, wollten die Christen dadurch auch das Fest der Geburt des heidnischen Gottes Aion durch die Jungfraugöttin Kore ersetzen, das man in der Nacht vom 5./6. Januar feierte. Zum ursprünglichen Festinhalt des Epiphaniastages gehörten: die Geburt Christi, die Anbetung durch die Magier, die

Taufe Christi, das Weinwunder zu Kanaan. Somit war der 6. Januar auch das erste »Weihnachtsfest«. Schon bald löste die christliche Kirche aber das Fest der Geburt Christi vom Epiphaniastag ab und feierte es am 25. Dezember (schon um 350 in Rom bezeugt) – nur die armenische Kirche feiert heute noch am 6. Januar Christi Geburt als Epiphaniasfest. Für den Inhalt von Epiphanias blieb dann vor allem die Anbetung Christi durch die Magier übrig – so heißen die Besucher des neugeborenen Jesus im Matthäusevangelium (Kapitel 2).
Wie wurden die Magier zu den Heiligen Drei Königen? Schon um 200 nach Christi bezog man in bildlichen Darstellungen des Epiphaniasfestes die in Jesaja 60 und Psalm 71 erwähnten Könige auf die Magiergeschichte auf Matthäus. Die Barbarentracht der frühen »Dreikönigsbilder« stammt aus der Übernahme der Darstellungen huldigender Barbaren in der römischen Kunst. Seit dem Ende des vierten Jahrhunderts hat sich die Dreizahl durchgesetzt; Matthäus gibt ja keine Zahlen an, außer bei den Geschenken: Gold, Weihrauch und Myrrhe – daraus hat man dann wohl auf die Zahl der Besucher geschlossen, und die Legende wußte dann auch die Namen: Caspar, Melchior, Balthasar. Als Fest der Heiligen Drei Könige ist der alte Epiphaniastag in der katholischen Christenheit erhalten geblieben, die lutherischen Kirchen ließen das Fest weithin verfallen, die Reformierten haben es niemals gefeiert. *sis*

Erntedank Es gehört zu den religiösen Grundbedürfnissen, Gott für die Ernte zu danken. Der ehrliche Mensch erkennt, die Ernte beruht nicht ausschließlich auf seiner Leistung; der Herr gab Sonne und Regen, dem Boden, die Kraft zu treiben. Deshalb haben alle Völker Ernstefeste entwickelt mit Ernteopfern.
Das Erntefest Israels ist das Laubhüttenfest, unter den verschiedenen Vorschriften ist 3. Mose 23,40 interessant: ein Erntestrauß wird aus Früchten schöner Bäume, Palmwedeln, Zweigen von Laubbäumen und Bachweiden hergestellt. Der Termin für das Erntedankfest ist das ganze Mittelalter hindurch örtlich verschieden. Richtete man sich nach der Kornernte, lag der Tag früher im Jahr, war die Weinernte entscheidend, war es später. Beliebt war der 29. September,

der Michaelistag. Dazu hatte die Gedankenverbindung: Ernte – Ernte des Lebens – Jüngstes Gericht beigetragen. Jesus spricht in der Gleichnissprache vom Gericht als der Ernte, und Michael wurde als der Engel angesehen, der die himmlischen Bücher führte und der zum Jüngsten Tag die Posaune bläst.
Preußen legt den Tag 1773 fest auf den ersten Sonntag nach Michaelis, das ist meist der erste Sonntag im Oktober, wie es bis heute bei uns üblich ist.
Die katholische Kirche kennt keinen feststehenden Tag für den Erntedank, in der russisch-orthodoxen Kirche werden die Erstlinge der Ernte am Fest der Verklärung Jesu (erste Hälfte August) geweiht.
Es liegt im Wesen des Dankes für die Erhaltung des Lebens, dadurch daß der Herr uns die Nahrungsmittel gibt, ihm auch für die Möglichkeit der Arbeit in der Industrie und für ihre Produkte zu danken. Nach anfänglicher Erregung über Industrieprodukte auf dem Erntealtar ist jetzt ruhig allgemein anerkannt, daß das Erntedankfest auch in der Industriegesellschaft seinen Platz hat und der Dank über die Landwirtschaft hinausgreifen muß. *vis*

Evangelium ist ein vorliterarischer Begriff, den das junge Christentum sich schuf, als es noch keine schriftlichen Zeugnisse kannte: Es ist die Botschaft, daß der am Kreuz von Golgatha gestorbene Jesus und der auferstandene Christus eins und der Heiland der Welt ist. Deshalb ist Evangelium nur in der Einzahl denkbar, darauf nehmen in dem Neuen Testament die Überschriften in der Form »Evangelium nach Markus«, »Evangelium nach Matthäus« usw. Rücksicht. In der mündlichen Tradition waren auf der einen Seite Handlungen und auf der anderen Seite Worte gesammelt. Sehr früh ist offenbar der Komplex der Passionsgeschichte zusammengestellt worden. Eine Sammlung von Worten (Redestücke Jesu) ging verloren, doch sie läßt sich durch ihre voneinander unabhängige Verwendung durch die Evangelisten Matthäus und Lukas rekonstruieren. Die erste Sammlung der Geschichte Jesu hat Markus etwa eine Generation nach Jesu Tod vorgenommen. Da er die Einnahme der Stadt Jerusalem und die Zerstörung des Tempels unter Titus noch

nicht kennt, nimmt man für die Zeit der Abfassung seines Evangeliums das Jahrzehnt vor 70 n. Chr. an.
Jeweils für unterschiedliche Leser sammeln und ordnen Matthäus und Lukas den Stoff des Markusevangeliums, die Redesammlung und bisher unbeachtete Traditionsstücke, das sogenannte Sondergut, neu. Matthäus wendet sich an Leser, die mit der Hebräischen Bibel vertraut waren, Juden gewesen waren oder dem Judentum etwa als Gottesfürchtige nahegestanden hatten, während Lukas für gebildete Hellenisten schreibt.
Johannes folgt nicht dem Aufriß des Markus, statt einer einjährigen Tätigkeit Jesu geht er von einer dreijährigen Phase aus. Er setzt die anderen Evangeliumserzählungen als bekannt voraus und deutet sie durch seine Texte predigend neu. So vermissen wir bei ihm die Einsetzung des Abendmahles, doch er deutet das Abendmahl durch die Erzählung, daß Jesus seinen Jüngern die Füße gewaschen hat.
Das Urchristentum hat neben den vier neutestamentlichen Evangeliumsberichten noch eine Reihe anderer Evangelien, etwa das Thomasevangelium oder das armenische Evangelium der Kindheit, gekannt, doch waren diese nicht in der ganzen Christenheit verbreitet oder gehörten haeretischen Gruppen und wurden deshalb bei der Aufnahme in den Kanon der neutestamentlichen Schriften im 3. und 4. Jahrhundert nicht beachtet. *vis*

Ewigkeit Eines Tages kam mein damals sechsjähriger Sohn aus der Schule und brachte ein neues Wort mit: »Gotteszahl«. Mit diesem Ausdruck meinte er eine Größe, die alles Denkbare überschreitet – also auch die Größe »Unendlich«, mit der wir in der Mathematik wie mit jeder anderen Zahl rechnen können. Ewigkeit ist die zeitliche Anwendung des Ausdrucks »Gotteszahl«. Also eine Zeit, die unsere menschliche Vorstellung und Erfahrung überschreitet. Deshalb sehen viele die Ewigkeit als eine Zeit ohne Anfang und Ende, die sich in beiden Richtungen ins Unendliche ausdehnt. Unser Leben ist durch Geburt und Tod begrenzt, diese Grenzen gibt es für Gott nicht. Somit ist Ewigkeit die Form der »Zeitlichkeit« Gottes. Doch stehen sich göttliche Ewigkeit und menschliche Zeit nicht als sich ausschließende Gegensätze gegenüber, sondern unsere Zeit ist eingebettet in göttliche Ewigkeit, davon erzählen die Schöpfung und die Offenbarung. Für jeden einzelnen ist das deshalb wichtig, damit ihm die erfahrbare Zeit nicht als alles erscheint. So weitet sich der Blick, geht über den Horizont des Todes hinein in den unendlichen Himmel.

Doch unsere Zeit ist nicht nur von der Ewigkeit umhüllt. Göttliche Ewigkeit dringt in unsere vergängliche Zeit: So dürfen wir die Erfahrung beschreiben, die Jesu Jünger mit dem Tod und der Auferstehung ihres Herrn machten. Die göttliche Ewigkeit dringt in die Zeit ein und nimmt Gestalt an in der Hoffnung der Menschen, wir führen mit Recht solche Hoffnung auf den Heiligen Geist zurück.

Gelegentlich stoßen wir auf die Wendung »von Ewigkeit zu Ewigkeit«, dahinter steckt die Spekulation der Menschen, daß die Zeit dieses Lebens von der Zeit anderen Lebens abgelöst wird. Solche Zeiten nannte die Antike Äon. Gott aber umfaßt alle vergänglichen Äonen und die Ewigkeiten zwischen den Äonen. Gelegentlich erleben wir Zeiten, die gehören nicht uns, die gehören offensichtlich keinem Menschen. Wir haben den Eindruck, diese Zeit gehört ganz Gott. Wenn unsere Zeit ganz Gott gehört, erfahren wir die Ewigkeit.

vis

Fasten Es wurde im Sinne von »nüchtern sein« durch körperliche Enthaltsamkeit (Essen, Trinken, Geschlechtsverkehr usw.) und im Rahmen geistlicher Übung, in die der ganze Mensch mit Leib, Seele und Geist hineingenommen wird und sich auf ein religiöses Ereignis vorbereitet, von der alten katholischen Kirche beibehalten. In anderen Religionen ist eine derartige Vorbereitung auf eine Begegnung mit Gott oder ein entsprechendes großes Fest auch üblich.

In diesem Sinne heißt die Zeit zwischen Aschermittwoch und Ostern in der katholischen Kirche Fastenzeit. Anders in der evangelischen Kirche, die die Zeit vor Ostern Passionszeit nennt und keine Fastenordnung mehr kennt.

Nicht daß der evangelische Christ nicht auch der Erneuerung seines Glaubenslebens, Zeiten innerer Einkehr, Umkehr und Buße, bezie-

hungsweise Besinnung auf das Wesentliche des Lebens bedürfte. Doch geht der von der reformatorischen Rechtfertigungslehre her denkende protestantische Christ davon aus, daß uns das Heil in Christus gegeben ist, und wir, weil Jesus geschichtlich damals und religiös heute im Glaubenserlebnis (zum Beispiel der Bekehrung, Wiedergeburt usw.) zu uns gekommen ist, keiner Fastenübungen mehr bedürfen. Man beruft sich dabei auch auf das Wort Jesu zur Fastenfrage in Markus 2,19: »Wie können die Hochzeitsleute fasten, während der Bräutigam bei ihnen ist.«
Wenn dennoch in evangelischen Freizeitzentren oder Einkehrhäusern das ganze Jahr über sogenannte Fastenwochen in Verbindung mit geistlichen Übungen angeboten werden, dann geht es hier mehr um ein medizinisches »Abspecken« des Wohlstandsbürgers, also hygienische, ganzleibliche Körperkultur. Doch weiß man auch um die Erfahrung, daß der Mensch durch Fasten medial zugänglich wird für Kräfte und Einwirkungen von innen und außen. Deshalb ist die häufigste Zielorientierung solcher Wochen im Sinne von 1. Korinther 6,19, das leibliche Gefäß zu werden für die Aufnahme des Heiligen Geistes beziehungsweise die Fülle seiner Kraftwirkungen. *kh*

Fastnacht Wann die »närrische Zeit«, die »Kampagne« beginnt, ist den meisten bekannt: am 11. November um 11.11 Uhr. Aber warum sie manchmal im Februar und manchmal erst im März endet, ist vielen Menschen unbekannt. Die Antwort lautet: Es hängt davon ab, wann Ostern gefeiert wird. Die sieben Wochen vor Ostern sind die Passionszeit oder Fastenzeit: sie laden zur Erinnerung an das Leiden von Jesus Christus ein, beginnen mit dem »Aschermittwoch« und enden mit Karfreitag. Als Zeichen der Buße gibt es bis heute in den katholischen Gottesdiensten an diesem Mittwoch ein Aschenkreuz. Man denke auch an die Redensart: »In Sack und Asche gehen« – d. h. als Zeichen der Reue ärmlich gekleidet zu sein (Sackleinen) und sich verunzieren (Asche).
Wann wird Ostern gefeiert? Dieses Fest gehört wie Pfingsten (sieben Wochen nach Ostern) zu den »beweglichen« Festen und liegt

Bitte ich Sie, das von mir erwähnte „in Sack und Asche gehen" im nächsten Jahr nicht so wörtlich zu nehmen...

nicht wie Weihnachten (25. Dezember) fest. Der Ostertermin richtet sich nach dem ersten Vollmond nach Frühlingsanfang. Je nachdem, ob dieser Vollmond am Frühlingsanfang scheint (21. März) oder 28 Tage später, datiert Ostern zwischen dem 22. März und dem 25. April. Wenn also der erste Sonntag nach dem ersten Vollmond nach Frühlingsanfang früh liegt, ist die Fastnachtszeit entsprechend kurz – beziehungsweise umgekehrt. Und wenn wir bedenken, daß der Frühlingsanfang vom Stand der Sonne festgelegt ist, wirken beim Ostertermin beide »Himmelslichter« – Tag und Nacht – zusammen.

Als »Pufferzeit« zwischen dem Osterfestkreis und dem Weihnachtsfestkreis gibt es unterschiedlich viele Sonntage nach Epiphanias. Das alte Geburtstagsfest von Jesus Christus ist der 6. Januar (die Erscheinung Gottes in Jesus Christus, griechisch: Epiphanie), heute »Heiligen 3 Könige«. Je nachdem, wie früh oder spät Ostern liegt, ist der erste Sonntag nach Epiphanias auch gleichzeitig der letzte – oder es gibt bis zu sechs Sonntage nach Epiphanias. Daß die «närrische Zeit« mit dem 11. 11. beginnt, ist erst in neuerer Zeit üblich geworden – früher war nach Weihnachten (in Venedig am 26. 12.) oder nach Epiphanias der früheste Beginn. Die Zahl 11 hat ihren »Reiz« darin, daß sie »eins drüber« bedeutet – nämlich die als vollkommen geltende Zahl 10 um eins übersteigt. Aber als »Fastnachtszahl« dürfte sie erst durch die Neugestaltung der Mainzer Fastnacht 1838 zur Verwendung gekommen sein (»Elferrat«). *sis*

Frauen (feministische Theologie) Die gesellschaftliche und kirchliche Frauenbewegung macht das »Frausein« zum Thema ihrer Überlegungen. Geschichte und Bedeutung dieses Frauseins sehen in verschiedenen Kulturen unterschiedlich aus. Es gibt deshalb auch nicht »die« feministische Theologie (= Lehre von Gott, die von Frauen formuliert ist«), sondern verschiedene Ausprägungen aufgrund der persönlichen Erfahrungen von Frauen in der Welt. Eine Theologie von Frauen ist von daher ökumenisch. Die Bezeichnung »feministische Theologie«, die um das Jahr 1970 in den USA aufkam, setzt bei der eigenen Erfahrung der Frau in der Gesellschaft,

Kultur, Kirche und Wissenschaft an und überdenkt diese Beziehung zu den Menschen, zur Welt und zu Gott. Die gegenseitige Abhängigkeit von Gott, Welt und Mensch wird dabei betont. Aussagen über die Gottheit können von Frauen erst dann formuliert werden, wenn Frauen ihre Identität gefunden haben und ihre eigenen Gedanken äußern können ohne Bevormundung der Männer.

Eine Theologie von Frauen will die Befreiung von aller patriarchaler Herrschaft und Unterdrückung aufgrund des Geschlechts und deren Rechtfertigung durch eine von Männern aufgestellte kirchliche Lehre. Sie hinterfragt die Interessen der bisherigen Auslegungen der Bibel kritisch, auch die Offenbarung Gottes, da diese in menschlicher Sprache von Männern überliefert ist. Es soll inklusiv, nicht exklusiv, das heißt Frauen ein- und nicht ausschließend, von Gott und seiner Geschichte gesprochen werden. Feministische Theologie will entdecken, an welchen Stellen die Bibel die Anwesenheit und die religiöse Bedeutung von Frauen deutlich macht, um daraus Kraft und neue Möglichkeiten für das alltägliche Leben von Frauen zu schöpfen. Die weiblichen und mütterlichen Gottesbilder in der Bibel werden ans Licht geholt. Gott läßt sich aber nicht auf ein männlich oder weiblich geprägtes Bild festlegen. Eine Theologie von Frauen versteht Gott nicht als allmächtigen Vater, der über die Welt und seine Geschöpfe herrscht, sondern als Fülle des Lebens, die Frauen und Männer nicht entmächtigt, sondern sie als Bild Gottes dazu ermächtigt, in Gegenseitigkeit und Ebenbürtigkeit mit den Mitmenschen und mit der Schöpfung zu leben. Jede Herrschaft von Menschen über Menschen widerspricht der Menschwerdung Gottes. »Der« Heilige Geist, der in der hebräischen Bibel fast immer in der weiblichen Form vorkommt, befreit Frauen von jeder Fremdbestimmung. Gottes Menschwerdung begründet eine Gemeinschaft, in der Juden und Heiden, Sklaven und Freie, Männer und Frauen eins sind (Galater 3,26–28). *ck*

Freikirche Im heutigen Sprachgebrauch bezeichnet »Freikirche« den Gegensatz zu »Volkskirche« oder »Staatskirche« und ist nicht zu verwechseln mit »Sekte«.

In einer intakten Volkskirche werden Kinder durch die Taufe ähnlich selbstverständlich Kirchenmitglieder, wie sie durch ihre Geburt die Staatsangehörigkeit ihrer Eltern erwerben. Demgegenüber lautet der Grundsatz freikirchlicher Gemeinden, daß diese aus dem freiwilligen Zusammenschluß bewußter Christen entstehen und daß sie sich dem direkten Wirken des Geistes Gottes öffnen.
Aus solcher Freiwilligkeit folgt der Zweifel an der Säuglingstaufe. Statt dessen liegt der Schwerpunkt für den Beginn eines Christenlebens auf der »Bekehrung«. Dieser Begriff bezeichnet die bewußte Hinwendung des ganzen Menschen zu Jesus Christus. Auf diese Weise gewinnen Freikirchen einen Vereinscharakter, und im finanziellen Bereich wird das (landeskirchliche) Kirchensteuerprinzip meistens durch freiwillige Beiträge ersetzt.
Bei der Entstehung der Freikirchen seit der Reformationszeit führte die vorbehaltlose Bejahung der Bibel zur grundsätzlichen Rückbesinnung auf die Urchristenheit. Diese galt als die vorbildliche Gestalt der Gemeinde, und daraus wurde eine Trennung des wahrhaft glaubenden Menschen von der »Welt« und dem bisherigen Kirchenwesen abgeleitet, einschließlich der Ablehnung des Eides und des Kriegsdienstes. Die Freikirchen strebten die Verwirklichung des biblischen Reiches Gottes auf Erden in der Art an, daß sie die reine Gemeinde werden und sein wollten. Im Bereich jener Reformation, die von Calvin in Genf begonnen wurde (Calvinismus), konnte dies Prinzip dann durchaus dazu führen, daß Gottes Forderungen und Gebote direkt zu politischen Gesetzen wurden (Theokratie).
Aus Vergangenheit und Gegenwart berühmte Freikirchen sind beispielsweise: Puritaner, Quäker, Mennoniten, Presbyterianer, Baptisten, Herrnhuter Brüdergemeine, Methodisten, Heilsarmee. *sis*

Frömmigkeit – Fromm sein »Mach mich fromm, daß ich in den Himmel komm.« So lautet ein sehr volkstümliches Kindergebet, es ist in Verruf gekommen und wird nur noch ironisch zitiert. Und das mit Recht, denn es hat ein bestimmtes Verhalten (»frommsein«) mit einem jenseitig verstandenen Lohn (»daß ich in den Himmel komm«) verbunden. Wir haben den Himmel auf Erden zu suchen begonnen und stehen dem Lohngedanken in der Religion skeptisch gegenüber. Lohn vor Gott verdienen wir alle nicht. Wenn wir den Himmel verdienen müßten, dann würden wir alle scheitern.

In der Geschichte ist der Begriff der Frömmigkeit unterschiedlich gefüllt. Bei den Propheten und in den Psalmen der Hebräischen Bibel sind es die Menschen, die nach Gottes Willen forschen, daher nicht alle Möglichkeiten des Verdienens und Lebens wahrnehmen und deshalb – unabhängig vom wirklichen Besitz – als die »Armen« gelten.

In der Urgmeinde sind diejenigen fromm, die sich zu Jesus halten. Die Tradition der Armut als beispielhaftes Leben vor Gott ist besonders in Jerusalem gelebt worden. Eine asketische Frömmigkeit bildeten die Eremiten in der Wüste (seit dem 4. Jahrhundert) und dann in den Klöstern aus.

Frömmigkeit heißt in der orthodoxen Kirche Teilnahme an dem liturgischen Lobpreis Gottes. Die Frömmigkeit des Mittelalters suchte die Welt in das Reich Gottes zu verwandeln, wobei Papst und Kaiser auf ihren unterschiedlichen Wegen miteinander in unheilvollen Konflikt gerieten. Die Frömmigkeit der nachreformatorischen Zeit sucht den Glauben und die innere Gewißheit. Frömmigkeit der Pietisten heißt oft nicht nur eifriges Bibelstudium, vielleicht sogar Annahme der Verbalinspiration (dem Vertrauen, daß Gott selbst jedes Wort des biblischen Zeugnisses diktiert hat und damit über Forschung und Kritik erhaben ist), sondern auch tätige Liebe gegen die Armen überall in der Welt.

Gemeinsam ist allen Formen der Frömmigkeit: Ihnen ist Gottes Anspruch auf ihr Leben nicht gleichgültig, sondern lebensbestimmend, sie sehen sich in eine enge Beziehung und Verantwortung vor Gott gestellt und versuchen diese auch zu leben. Die Gefahr der Frömmigkeit ist, daß sie ihren Weg für allein richtig hält und gegen andere Formen der Frömmigkeit intolerant wird. *vis*

Fundamentalismus Von islamischen Fundamentalisten hört man, daß sie ihre Staaten wieder zur Rückkehr zu der Lehre des Korans zwingen wollen: das Rechtswesen müsse zur strengen Auslegung der islamischen Tradition und die Stellung der Frau zu dem zurückkehren, was vor der Liberalisierung, vor dem Einfluß des Westens galt. Doch der Begriff des Fundamentalismus ist in den 70er Jahren des vorigen Jahrhunderts auf einer Reihe von Bibelkonferenzen in Nordamerika entstanden. 5 Prinzipien wurden aufgestellt: 1. Die Unbezweifelbarkeit der Bibel: Dies richtete sich vor allem gegen den Darwinismus, der dem biblischen Schöpfungsbericht widersprach. Die Welt ist durch einen einwöchentlichen Schöpfungsakt Gottes entstanden und nicht in einem jahrtausendewährenden Evolutionsprozeß. In einigen Staaten der USA darf deshalb bis heute die Evolutionslehre nicht unterrichtet werden. Doch die Lehre der Unbezweifelbarkeit der Bibel erstreckt sich nicht nur auf die Schöpfungslehre. 2. Die Jungfrauengeburt der Maria: Mit ihr werden nicht nur wie auch in den folgenden Prinzipien Konsequenzen aus dem 1. Prinzip gezogen, sondern zugleich der Versuch abgewehrt, die Geburt Jesu natürlich zu verstehen, die biblische Aussage symbolisch zu deuten und Jesus zu einem moralischen Beispiel und Vorbild zu machen. 3. Der Tod Jesu Christi am Kreuz muß als ein stellvertretendes Sühneopfer verstanden werden: Damit wird einer bestimmten mittelalterlichen Deutung das alleinige Recht zugesprochen. Zugleich wird das juristische Denken von Schuld und Sühne mit der Möglichkeit der Stellvertretung theologisch verankert. Andere Interpretationen vom Justizirrtum bis zur göttlichen Überwindung aller Opfer werden abgelehnt. 4. Die leibliche Auferstehung Jesu wird anerkannt und damit allen Unterscheidungen von Geschichtstatsachen und Heilsgeschehen widersprochen. 5. Die Wiederkehr Christi steht fest.

Der Fundamentalismus hat nicht nur in den Freikirchen eine Heimat gefunden. Er ist auch in Deutschland in seinem Kampf gegen den Liberalismus und die historisch-kritische Exegese stark geworden. Den Fundamentalismus in seiner Entstehung auf soziale Gründe zurückzuführen (Benachteiligung bei schneller wirtschaftlicher Entwicklung, kulturelle Schere von technischer und geistlicher Entwicklung) ist zwar mit auch einleuchtenden Aspekten versucht worden, konnte aber nicht wissenschaftlich erhärtet werden.

vis

Gebet Was es sei, darüber sind wir erstaunlich gut informiert. Wir wissen: Gott wird angesprochen, der Dank hat im Vordergrund zu stehen, die Fürbitte sei nicht zu vergessen, und schließlich, am besten habe es im stillen Kämmerlein zu geschehen.

Die Jünger Jesu erweisen sich da als uninformierter als wir, denn sie fragen den Herrn nach dem Gebet (Lukas 11,1). Da gibt Jesus in der jüdischen Gebetstradition stehend ihnen und uns das »Vaterunser«. Dank und Fürbitte fehlen, die Anrede ist sehr familiär.

So lautet die zweite allgemeine Antwort, was das Gebet sei: Das Gebet ist das Sprechen mit Gott. Und das Vaterunser kann als Beleg gelten. (Jedoch sind dann das Shma Israel der Juden und unser Glaubensbekenntnis keine Gebete!) Das Sprechen mit Gott kann sehr gottlos werden, dann nämlich, wenn es Gott nicht mehr zu Wort kommen läßt, ihn förmlich mit unseren Worten totschlägt. Das Gebet muß sich Zeit lassen, auf Gott zu hören. Ein Gebet, das für Gott Platz hat, kennt das Schweigen der menschlichen Worte. Wie im Gespräch wechseln Reden und Zuhören. Das Gebet ist das Gespräch mit Gott.

In der Szene in Gethsemane (Markus 14,32–42) wird uns demonstriert, was Beten sein kann und wohin es führt. Jesus hat eine lange Nacht Zeit für Gott, und in dieser Nacht verändert er sich. Das Gebet verändert den Beter, das ist die Wirkkraft des Gebetes: Der Beter fügt sich ein in den Willen Gottes. Wir bringen also Gott nicht dazu, unsere Wünsche zu erfüllen, sondern wir nehmen seinen Willen an. Weil das Gebet Einfügung in Gottes Willen ist, deshalb ist es unsinnig, einen Gegensatz zwischen Arbeit und Gebet zu konstruieren. Arbeiten und Beten gehört zusammen, wie die alten Mönche wußten, deren Lebensordnung »ora et labora«, bete und arbeite – und zwar in dieser Reihenfolge – war. *vis*

Geist »Der Geist Gottes schwebte über den Wassern«, heißt es zu Beginn der Schöpfungsgeschichte, und das Verb, das im Deutschen mit »schweben« wiedergegeben wird, heißt eigentlich »brüten« oder »vibrieren«. Der Geist Gottes ist seine Schöpferkraft, mit der er den aus Ackererde gebildeten Menschen ins Leben ruft.

Der Geist Gottes ist also kein immaterielles Wesen wie ein Gespenst, sondern die Kraft Gottes, mit der er wirkt und die er den Menschen, besonders Propheten, Rettern des Volkes, den Königen mitteilt. Deshalb sagt das feierliche nicäische Glaubensbekenntnis, daß der Heilige Geist durch die Propheten gesprochen hat. Es ist also kein Wunder, daß in der Pfingstgeschichte, als Gott seinen Heiligen Geist auf die verängstigten Jüngerinnen und Jünger ausgießt, diese als Propheten erscheinen. Die Gabe des heiligen Geistes ist mit der Taufe verbunden und wird unter Handauflegung erbeten. Gott gibt dem Täufling, wie es in den evangelischen Berichten der Taufe Jesu berichtet wird, Anteil an seinem Geist und damit Anteil an seiner Schöpferkraft, mit der die Christen ihren Auftrag zum Heil der Menschen und der ganzen Schöpfung tun können.

Zwischen der orthodoxen und den westlichen Kirchen ist umstritten, ob der Heilige Geist nicht nur vom Vater, sondern auch vom Sohn ausgeht, wie es im Westen behauptet und bezeugt wird, dieses »filioque« (und vom Sohn) hat kirchentrennend gewirkt. Martin Luther hat dem Heiligen Geist die entscheidende Mitwirkung beim Glauben zugesprochen, wenn er den dritten Artikel des Glaubensbekenntnis erklärt: »Ich glaube, daß ich nicht aus eigener Vernunft noch Kraft an Jesus Christus glauben oder zu ihm kommen kann, sondern der hl. Geist hat mich ... berufen ... erleuchtet ... geheiligt und erhalten.«

Der Geist weht, wo er will. Er kommt aus Gottes Allmacht und Freiheit, deshalb gibt es keine Aus- und Eingrenzungen, deshalb tun sich die verfaßten Kirchen mit ihren in langer Tradition entstandenen Ordnungen schwer, denn auch die kirchlichen Ordnungen werden durch den Heiligen Geist gesprengt. Doch geschieht die Sprengung der Ordnung stets nur an der Stelle, wo Ordnung zum Zwang und zur Fessel geworden ist. Da hilft der Heilige Geist dann der Liebe zum Durchbruch. *vis*

Gemeinde Diesen Begriff gibt es bereits im alten Testament. Er beschreibt dort die gläubigen Israeliten als »Gemeinde Gottes«. Wichtig ist dabei, daß diese Gemeinde, obwohl sie *Gottes* Gemeinde ist, doch in *dieser Welt* besteht und zum Ausdruck kommt.

Liebe Gemeinde... äh... hust... ääh ... liebe Frau Müller...

An diesen Gemeindebegriff schließt sich auch das Neue Testament an. Allerdings gibt es in der griechischen Sprache, in der das Neue Testament ursprünglich geschrieben ist, nur ein Wort, »Ekklesia«, das im Deutschen sowohl mit »Gemeinde« als auch mit »Kirche« übersetzt werden kann.

Gemeinde, wie sie im Neuen Testament für uns beschrieben wird, ist unabhängig von der konkreten Anzahl ihrer Mitglieder, ihrem Ort oder den Umständen. Sie ist die Gemeinschaft all derer, die an ihre durch Jesus Christus geschehene Erlösung glauben und sich durch den Heiligen Geist berufen wissen zum Dienst an der Welt und untereinander. Man sagt auch: sie formiert sich im Kerygma.

Paulus nennt sie unter anderem »Leib Christi«. Damit will er zum Ausdruck bringen, daß die Gläubigen in ihrer Gemeinschaft Gottes Heilswillen nun für Jesus in der Welt weiter tun und verkündigen sollen. Erst in späteren Zeiten wurde »Kirche« eine Umschreibung für die Gesamtgemeinde in der Unterscheidung zu den Einzel-Gemeinden. So wurde in der Alten Kirche und im Mittelalter die eschatologische (auf die baldige, endgültige Erlösung wartende) Gemeinde des Neuen Testaments zu einer rechtlichen Heilsanstalt, die in der Hauptsache die Sakramente verwaltete, und in der Geistliches und Weltliches sich stark gegenübertraten.

Erst die Reformation – und mit ihr Luther – bemühte sich wieder verstärkt um eine Neubelebung der Kirche aus dem Geist der Gemeinde im Sinne der Glaubens- und Liebesgemeinde.

Aber schon bald endete auch dieser Versuch durch die Entstehung von Landeskirchen als Institution im Luthertum und auf reformierter Seite durch eine zu starke Soziologisierung. Im Kampf der Bekennenden Kirche im Zweiten Weltkrieg begegneten sich Gemeinde und Theologie erneut.

Wir haben deshalb heute die Aufgabe, uns auseinanderzusetzen mit der historisch gewachsenen Unterscheidung der Begriffe »Gemeinde« und »Kirche«. Dabei muß sich die Kirche als Institution mit ihren Kirchen-Gemeinden immer neu befragen lassen, ob und wiefern sie die – von der aus dem Glauben allen zu bestimmenden, von Ort, Zahl und Umständen unabhängigen – Gemeinde als Gemeinschaft der Gläubigen noch ist.

mf

Gemeinschaft der Heiligen So einfach ist das für manchen in der Volksfrömmigkeit: Die Katholische Kirche hat Heilige, die Evangelische nicht.

So einfach ist es nicht: Sonntag für Sonntag wird im Glaubensbekenntnis in den evangelischen Kirchen zum Ausdruck gebracht: ich glaube an die Gemeinschaft der Heiligen. Auch die Evangelischen kennen also Heilige. Sie lesen doch auch, daß Jesus bei seiner ersten Heilung in Kapernaum angesprochen wird: Ich weiß, wer du bist: der Heilige Gottes (Markus 1,24). Der Heilige ist der Mensch, der dem heiligen Gott gehört. Wenn man etwas heilig nennt, dann weiht man es Gott, beziehungsweise akzeptiert, daß es nicht uns, sondern allein ihm gehört: Deshalb wird auch die christliche Kirche heilig genannt, denn sie gehört diesem einen Herrn.

Nun gibt es Menschen innerhalb und außerhalb der verfaßten Kirche, die Gott ganz gehören, denn seine Gnade – die sich auch aus Steinen Kinder erwecken kann (Matthäus 3,9) – kann auch Menschen anderer Religionen erwecken. Andererseits gibt es natürlich in der Kirche viele, die nur nominell dem Herrn angehören, in Wirklichkeit aber ganz anderen Mächten und Zwängen unterworfen sind. Die »Systematische Theologie« hat deshalb die sichtbare und die unsichtbare Kirche unterschieden. In der letzteren sind alle vereinigt, die Gott gehören, wo und wann sie auch gelebt haben: die Märtyrer der ersten Jahre des Christentums, die frühen und späten Mönche, die Reformatoren und so mancher einfache Mensch, von dem keine Kirchengeschichte je schreiben wird, aber auch die stillen Helden des Glaubens kommender Zeiten. Dies ist die zeitlose Gemeinschaft der Heiligen. Ihre Gemeinschaft wird einst nach der Sorge, Arbeit und den Leiden, die sie hier auf Erden gehabt haben, an Gottes himmlischer Tafel Platz nehmen. *vis*

Gesangbuch Heinrich Heine machte sich lustig: Da hat er in einer Kirche Zahlen angeschlagen gesehen; weil er hier göttliche Weisheit vermutet, setzt er diese Zahlen in der Lotterie – und verliert natürlich. Wir wissen: Die Nummern geben die Lieder für den Gemeindegesang an.

Kannte man in den Klöstern Chorbücher mit Notenschrift, so entwickelte sich das Gesangbuch mit der reformatorischen Bewegung. Schon vor Luther kannten die hussitischen böhmischen Brüder ein gedrucktes Gesangbuch. Luthers Lehre wirkte besonders durch das Lied. Für das erste »Geistliche Gesangbüchlein« von 1524 mit 32 deutschen und 5 lateinischen Chorliedern schrieb Luther die Vorrede. Nur gut 10 Jahre nach dem ersten evangelischen Gesangbuch erschien das erste gedruckte katholische. Bald gab es in jeder Herrschaft eigene Gesangbücher. Sie geben in der Regel für die Gemeinde nur den Text wieder. Die Kunst, Noten zu lesen, war nicht sehr verbreitet. Erst um die Wende zum 19. Jahrhundert werden einstimmige Melodien mitgegeben. Wo anglikanischer Einfluß in Gemeinschaften und Freikirchen vorhanden ist, gibt es auch vierstimmige Notensätze.

Die Gesangbücher wachsen schnell auf Sammlungen von mehreren 100 Liedern an. Selbstverständlich zollen sie dem Zeitgeist Tribut. Das erste Unionsgesangbuch in Nassau, nach der Vereinigung der lutherischen und reformierten Kirche 1817, enthält über 50 Lieder von August Ludwig Christian Heydenreich, der war leitender Bischof in diesem Herzogtum, alle seine Lieder und er selbst sind heute vergessen. Am häufigsten vertreten sind bis in die zwanziger Jahre dieses Jahrhunderts die Lieder von Paul Gerhardt, erst im weiteren 20. Jahrhundert hat ihn Martin Luther von der ersten Stelle verdrängt. Die Lieder Ernst Moritz Arndts dagegen finden sich in Gesangbüchern der Zeiten vor und im Kriege reichlich, und sie verschwinden in der Nachkriegszeit fast völlig.

Das heutige evangelische Kirchengesangbuch ist 1950 erschienen, mit einem Stammteil von 394 Liedern für alle Kirchen in Deutschland. Es hat nun vierzig Jahre hervorragenden Dienst getan. Um den neuen Liedern Rechnung zu tragen, die seit den siebziger Jahren verstärkt entstanden, haben sich Gemeinden mit Liedblättern, die Landeskirchen mit Beiheften beholfen. Nun liegt ein neuer Entwurf für die deutschen evangelischen Kirchen vor. Kritik gegen diesen Entwurf wird wegen einer frauenfeindlichen Sprache, mangelnder Sensibilität gegenüber den Juden und wegen des Mangels von fremdländischen Texten geübt. *vis*

Glaube Mein Physiklehrer sagte: »Glauben heißt Nichtwissen.« Mein Geschichtslehrer nannte den Glauben eine der mächtigsten Triebfedern der Geschichte und fügte hinzu: »nicht immer zum Besten.« Mein Religionslehrer hielt den Glauben für die Kraft der inneren Bewahrung. Je mehr Menschen befragt würden, um so größer die Palette der Antworten, vom »Opium für das Volk« bis zur »schlechthinnigen Abhängigkeit« reichte es. Alle Antworten hätten auch Argumente zu ihrer Begründung.

Glauben ist zuerst ein Tätigkeitswort, kein Haupt- oder Gegenstandswort. Die Frage ist also besser zu stellen: »Wie mache ich das, nämlich glauben?« als »Was ist das?« Trage ich die Worte zusammen, die in der deutschen Sprache für Glauben Verwendung finden (hoffen, erwarten, vertrauen, meinen, befürchten, sichersein und nicht genau wissen), füge ich nun noch alle Tätigkeiten hinzu, die Ausdruck des Glaubens sind (wie beten und singen, predigen und zuhören, feiern und trauern, fasten und essen – im Abendmahl z. B.), so gewinne ich ein großes Feld. Die Wallfahrt ist Ausdruck des Glaubens wie der Tanz und das Opfer. Weil sie ihrem Glauben Ausdruck geben, malen Künstler die Ikonen, haben Komponisten ihre Messen und Motetten komponiert, Musiker sie gespielt, Lehrerinnen und Lehrer haben unterrichtet, Dichter und Dichterinnen geschrieben, Naturforscher und -forscherinnen gearbeitet. Die Pflegeberufe sind aus dem Amt der Diakonissen und Diakone entstanden. Ich zahle Kirchensteuer, tue meine Pflicht im Kirchenvorstand, gehorche den Geboten (hoffentlich), und wenn ich nicht gehorsam bin, dann sündige ich, so nennt mein Glaube den Ungehorsam gegen Gott.

Nun suche ich ein Wort, das alle diese Tätigkeiten zusammenfaßt, das gesuchte Wort soll nicht das Wort »glauben« sein, denn dafür suchen wir eine Übersetzung. Da ist kein anderes Wort als das Wort »leben«. Das Leben ist der Ausdruck des Glaubens.

Verstehen Sie jetzt, warum ich als Seelsorger sehr unruhig werde, wenn jemand zu mir sagt: »Herr Pfarrer, ich kann nicht mehr glauben?«

vis

Glocken Paulus macht sich im 1. Korintherbrief über »tönendes Erz und klingende Schelle« lustig, wie sie im heidnischen Kult Verwendung fanden, und zwar meist im Zusammenhang mit Teufels- und Dämonenaustreibungen. Wegen dieser heidnischen Verwendung fanden die Glocken, die säkular auch als Weck- und Alarmsignal benutzt wurden, nur langsam im Christentum Eingang.

In den Klöstern riefen sie wohl zuerst zum Konvent und Gottesdienst, hatten einladenden Charakter. Im Gottesdienst fanden Glöckchen beim Eintritt der Priester und im Augenblick der Wandlung bei der Messe Verwendung, zweifellos stand hier im Vordergrund, die Aufmerksamkeit auf das gottesdienstliche Geschehen zu ziehen. Die Glocken gewannen von den Klöstern ausgehend schnell eine solche allgemeine Verbreitung, daß der Islam sie für das christliche Instrument hielt und deshalb auf die Glocken verzichtete.

Der Einsatz der Glocken wird in den Landeskirchen durch Läuteordnungen geregelt, dabei kennen die evangelischen Kirchen nur noch das einladende Geläut. Das Geläut lädt vornehmlich zum Gottesdienst ein, es ermöglicht auch jenen Gemeindegliedern, die nicht zur Kirche kommen können, gedanklich und vor allem betend am fernen Gottesdienst teilzunehmen, deshalb wird das Vaterunter-Gebet mit der Vaterunser-Glocke begleitet. Auch bei Beerdigungen in der Woche wird den Gemeindegliedern, die durch Arbeit oder Krankheit an der Teilnahme bei der Beerdigung verhindert sind, die Möglichkeit der betenden Fürbitte gegeben.

Die Abendglocke ruft zum Gebet. Daß sie einst auch das Ende der Arbeitszeit anzeigte, war eher ein Nebenprodukt denn der eigentliche Sinn. Vielerorts wird auch der Sonntag eingeläutet, dies geschieht am Vorabend und erinnert daran, daß nach alttestamentlichem Zeugnis der Tag mit dem Abend beginnt.

Der Mißbrauch des Geläuts, um die Siege des eigenen Heeres zu feiern und um nationale Gedenktage kirchlich hervorzuheben, hat nach dem Ende der Nazizeit dazu geführt, die Läuteordnungen strenger zu fassen. Es gehört zu den Augenblicken der kirchlichen Scham, daß 1933 der Machtantritt Adolf Hitlers mit Beflaggung der Kirchen und vollem Geläut gefeiert wurde. *vis*

»Gloria in excelsis Deo« Das Gloria in excelsis Deo – Ehre sei Gott in der Höhe – ist der zweite Teil einer festgefügten liturgischen Ordnung, des »ordinarium missae«. Dies bezeichnet den gleichbleibenden Teil der Messe im Gegensatz zum wechselnden, auf kirchenjahreszeitliche Gegebenheiten Bezug nehmenden »proprium missae«.

Das in Text und Funktion festgeschriebene ordinarium missae umfaßt die Teile

- Kyrie eleison – Christe eleison – Kyrie eleison
- Gloria in excelsis deo
- Credo in unum Deum
- Sanctus (mit Benedictus) und
- Agnus Dei.

Nach drei Hauptteilen läßt sich der Text des Gloria untergliedern. Es beginnt mit dem

- Engelsgesang bei Christi Geburt (nach Lukas 2,14), weshalb das Gloria auch »Hymnus Angelicus« genannt wird. Danach folgen die
- Lobpreisungen Gottes (»Laudamus Te... Deus pater omnipotens«) und
- ein christologischer Abschnitt (»Domine fili unigenite... Amen«).

Das Gloria gehört zu den literarischen Neuschöpfungen der christlichen Antike, die in Anlehnungen an Bibeltexte entstanden. Erste Zeugnisse der Textgestalt finden sich im Manuskript der irischen Abtei Bangor von 690; die endgültige Fassung ist im Codex 20 der Stiftsbibliothek St. Gallen aus dem 9. Jahrhundert dokumentiert.

Der liturgischen Funktion nach ist das Gloria, wie überhaupt die Teile des »ordinarium-missae«, Gesang der Gemeinde und ersetzt als solcher die synagogale Praxis der singenden Gemeindebeteiligung fort. In dieser liturgischen Funktion hat das Gloria eine wechselvolle Geschichte.

Zunächst war es bischöfliches Vorrecht, es überhaupt anzustimmen. Nicht nur diese Beschränkung auf Bischofsmessen, sondern auch später die Beschränkung auf besondere Anlässe, wie auf die Osternacht, wurden im 11. Jahrhundert unter Einfluß fränkischer

Geistlicher aufgegeben; das Gloria wanderte in zahlreiche Stundengebets- und Meßformen ein und wurde zunehmend von den Gottesdienstbesuchern ausgeführt.
Selbstverständlich gab es keine einheitliche Musikform des Gloria; im Mittelalter registriert die Forschung eine Vielfalt von 56 Melodien des Hymnus angelicus. Da sie musikalisch wesentlich von der Textstruktur des Gloria bestimmt sind, da diese syllabisch – auf jede Note kommt eine Silbe – realisiert sind, gibt es deutliche Parallelen zwischen den Gloria-Melodien. Neben den syllabischen gibt es wenige melismatische Wendungen, große Melodiebögen über Einzelsilben, die ab dem 10. Jahrhundert nachträglich textiert oder noch kompositorisch erweitert werden. Diese Kompositionspraxis der Tropen-Bildung stellt also eine wesentliche Erweiterung der ursprünglichen Gloria-Melodien dar.
Im evangelischen Bereich haben Meßkompositionen mit mehrstimmiger Besetzung das lateinische »ordinarium missae« oder eine deutsche Übersetzung desselben zum Grunde. Vielfach entstanden auch Messen nach in Liedform gebrachten Messetexten – »Liedmessen« genannt. Typisch ist auch die »evangelische« Form der musikalischen Messe, die nur aus Kyrie und Gloria bestehende Kurzmesse. Allerdings hat die Meßkomposition für den liturgisch-evangelischen Bereich keine so hohe Bedeutung, da hier im Zentrum Predigt, Epistel- und Evangelienlesung stehen. Das führte zu typischen Formen, zur Bibeltext auslegenden und kommentierenden Kantate, zur Motette oder zum Geistlichen Konzert. *cf*

Gnade Ein unterlegener Schwacher bittet einen überlegenen Starken um Gnade, er bittet um sein Leben. Ein überführter Angeklagter bittet den Richter, er möge Gnade vor Recht ergehen lassen, er bittet um Nachsicht und Vergebung. Vor Gott befindet sich der Mensch in der unterlegenen Position. Er ist auch gemessen an den Forderungen der göttlichen Gerechtigkeit in der Rolle des überführten Schuldigen. Der Gläubige spricht in jedem Gottesdienst die Bitte um Gnade aus, ob sie nun heißt: »Herr, erbarme dich!« oder

»Gott, sei mir Sünder gnädig!« oder »Siehe, Vater, gnädig auf mein Leben!«
Die Gnade kann nicht verdient werden. Wer die Forderung stellt, würdig der Gnade werden zu müssen, geht am Wesen der Gnade vorbei. Denn die Gnade wird immer dem Unwürdigen zuteil. Zudem muß jeder an dieser Forderung scheitern. So würde die Gnade in einen Teufelskreis eingeschlossen.
Gnade ist für die hebräische Bibel die Treue Gottes zu seinem Bund mit Israel, obwohl dies Volk immer wieder von der Weisung des Herrn abgewichen ist. Gnade ist die Geduld, die eine Zeit der Bewährung schenkt. Die Gnade Gottes wird in der Weise den Christen zugesprochen, daß ihm das Evangelium erzählt wird: »Für dich ist Jesus Christus um deiner Sünde willen gestorben.« So heißt es im wohl ältesten Glaubensbekenntnis der Christenheit, das Paulus im 15. Kapitel des ersten Korintherbriefes überliefert. Der Kreuzestod des Gottessohnes ist für alle Gotteskinder die bereits geschehene Gnade. Im Glauben gewinnt diese Gnade für den Menschen Wirklichkeit.
Das Mittelalter hat es sich in den juristischen Vorstellungen gedacht: Gott selbst hat die eigentlich vom Menschen verwirkte Strafe, nämlich den Tod, auf sich genommen, damit dem Menschen die Verheißung der Auferstehung – das Leben nämlich – zuteil werde. In unserer Zeit ist uns der Gedanke des stellvertretenden Strafleidens unerträglich geworden. Stellvertretend Strafe erleiden zu müssen, ist in unseren Augen Unrecht und schafft nicht neues Recht. Gnade ist nun anzusagen in der Weise, daß Gott seine Zuneigung und Liebe nicht aufgibt, obwohl die Menschen ihnen nicht gerecht werden, daß er im Gegenteil dem Menschen nachgeht bis in die Orte des Leidens, des Unrechts, des gewaltsamen Todes. Wie Gott in Jesus auf die Schädelstätte, das ist Golgatha, ging, so war er in den Gaskammern, den Bombennächten. Die Opfer sind nicht von Gott verlassen. Gott stirbt mit ihnen am Hunger, an der Gewalt, im Unrecht, das hat er aller Welt im Kreuz des Mannes aus Nazareth gezeigt, offenbart. *vis*

Gott Einen Gott haben alle Menschen – auch wenn sie nicht genau wissen, wer oder was das ist. »Gott« ist ein vieldeutiges Wort. Jeder Mensch erwartet im Leben etwas Gutes und sucht Hilfe in der Not. Die Erwartungen sind sehr verschieden und die Nöte auch. So verschieden wie menschliche Erwartungen und Nöte ist auch das Wort »Gott«. Es bezeichnet eine das ganze Leben umfassende Daseins- und Handlungsorientierung.
Auf die Frage, was es bedeutet, einen Gott zu haben, antwortet Martin Luther: einen Gott haben, ist nichts anderes, denn ihm von Herzen vertrauen. Woran Du nun Dein Herz hängst und worauf Du Dich verläßt, das ist eigentlich Dein Gott.
Die Frage bleibt: Woran kann ich mich wirklich orientieren? Was ist verläßlich und was läßt mich fallen? Wer ist der wahre Gott? Das vieldeutige Wort »Gott« muß erst eindeutig werden. Um eindeutig zu sagen, wer der wahre Gott ist, muß man eine Geschichte erzählen, die Geschichte Gottes mit den Menschen.
Die christliche Kirche erzählt und feiert diese Geschichte im Laufe eines Jahres in ihren Gottesdiensten. Sie erzählt sie als Geschichte Israels, als Weihnachts-, Passions- und Ostergeschichte, als Apostel- und Kirchengeschichte. In all diesen Geschichten berichten Menschen von ihren Erfahrungen mit Gott. Gott ermutigt und befreit, tröstet und hilft, hört sich Klagen und Anklagen an, weist zurecht und gibt Orientierung, nimmt uns wie wir sind, läßt uns aber nicht wie wir sind, schenkt Geborgenheit und Frieden.
Die christliche Kirche bringt diese Geschichte und ihre Erfahrungen mit Gott auf den Begriff, indem sie Gott den Vater, den Sohn und den Heiligen Geist nennt. »Gott« ist mithin ein erfreuliches Wort des kirchlichen Sprachgebrauchs. Denn Gott macht froh und frei. *js*

»Gott befohlen!« So lautet ein Abschiedsgruß, den man heutzutage manchmal noch von Pfarrern hört. Etwas fremd mutet er an, und das Wort »befehlen« wird auf merkwürdige Weise verwendet.
»Befehlen« stammt doch eigentlich aus der Militärsprache. Der Vorgesetzte befiehlt, und der Untergebene hat zu gehorchen. Fra-

gen und lange Diskussionen gibt es nicht, denn im Ernstfall muß das Militär funktionieren. Im besten Falle gehorcht der Untergebene, weil er Vertrauen in den Vorgesetzten hat; im Normalfall, weil es so sein muß; im schlechten Falle aus Angst vor Strafe.

Vertrauen in den »Befehlshaber« spielt auch im religiösen Bereich eine Rolle. Der Hauptmann von Kapernaum bittet Jesus für seinen kranken Knecht. Jesus will den Kranken aufsuchen, doch der Hauptmann sagt: »Herr, ich bin nicht wert, daß du unter mein Dach gehst... sprich nur ein Wort, so wird mein Knecht gesund.« Und er begründet seine Bitte damit, daß seine Kriegsknechte ja auch die Befehle ausführen, die er ihnen gibt. Jesus aber verwunderte sich: »Solchen Glauben habe ich bei keinem in Israel gefunden.« (Lukas 7,2).

In der Bibel werden die Weisungen Gottes auch Befehle genannt. Gott ist letzte Autorität und kann befehlen. Der Glaubende vertraut darauf, daß diese Befehle richtig sind. Das unterscheidet diese Befehle auch von menschlichen, die Mißbrauch sein können (»Führer befiehl, wir folgen dir«).

Aber das Wort »befehlen« hat auch noch eine andere Bedeutung, die offenbar zu Luthers Zeiten gängiger war als heute. Heute gehört sie fast nur noch in den kirchlichen Sprachgebrauch. Danach bedeutet »befehlen« auch, jemandem etwas anvertrauen, etwas in Verwahrung oder Besorgung geben. In diesem Sinne finden wir das Wort in der Luther-Bibel häufiger, auch wenn es heute nicht mehr verwendet wird.

In der besonderen Bedeutung von »Gott etwas anvertrauen« begegnen wir dem Wort jedoch noch. Wenn wir Gott etwas befehlen, vertrauen wir ihm unsere Sache an, geben wir ihm unser Päckchen Sorgen in Verwahrung oder zur Erledigung. Und es ist sicher ein ganz besonders schöner und gut gemeinter Abschiedsgruß, wenn der Weg oder die Zukunft eines Menschen »Gott befohlen« wird. Eigentlich schade, daß wir das nicht öfter tun und aussprechen. *jt*

Halleluja Das *Halleluja* – ein in seiner Bedeutung oft unterschätztes Stück unserer Gottesdienste – ist Allgemeingut der Konfessionen.

Der Freudenruf »Preiset Jah(we) – Lobt Gott!« überhöht in den Psalmen den Dank des Einzelnen, der Gemeinde, des Volkes für Gottes große Taten. Zusammen mit den Psalmen erklingt das Halleluja in den Gottesdiensten des Tempels und der Synagoge. Von dort wird es in den frühchristlichen Gottesdienst übernommen, zunächst nur am Osterfest, später während der ganzen österlichen Freudenzeit, schließlich für alle Sonn- und Festtage.

Unter Papst Gregor am Ende des 6. Jahrhunderts wird das Halleluja, das in einem »Jubilus« auf den Endvokal »a« geradezu üppig wuchert, mit einem sonntäglich wechselnden Psalmvers verbunden. Das heute in der evangelischen Kirche übliche Verfahren nach der Schriftlesung mit einem feststehenden Spruch zum dreimaligen Hallelujagesang aufzufordern, ist ein recht kümmerliches Überbleibsel des ursprünglichen Überschwanges.

In der Römischen Messe wird das Halleluja zwischen Epistel- und Evangeliumslesung zu einem ausgedehnten Wechselgesang zwischen Vorsänger und Chor, der nur in der Fastenzeit sowie an Buß-, Bitt- und Trauertagen verstummt.

Obgleich sich Martin Luther einmal dafür ausgesprochen hat, das unaufhörliche Lob des Halleluja auch in der Fastenzeit laut werden zu lassen, schweigt auch in der evangelischen Kirche das Halleluja in der Passionszeit, damit die Gemeinde am Ostersonntag um so lauter und zuversichtlicher in die Osterfreude einstimmen kann. Daß Christen heute Mühe haben, dem Halleluja rechten Ausdruck zu verleihen, liegt neben nachlassender Stimmkraft vielleicht auch an den jahrüber feststehenden Melodienformeln. Darum ergeben sich nach dem Halleluja stets dankbare Aufgaben für die Kirchenmusik, durch Lied, Kantate oder Instrumentalmusik das Gotteslob festlich zu entfalten.

Für solche textliche und musikalische Vertiefung des Halleluja gibt es das mittelalterliche Vorbild der Sequenzen. Darunter sind der jeweiligen Kirchenjahreszeit entsprechende lateinische Dichtungen zu verstehen. An diesem lateinischen Sequenzengesang haben sich

schließlich die Gemeinden – lange vor der Reformation – mit deutschen Liedstrophen beteiligt. Noch heute lebendige Lieder wie »Christ ist erstanden« oder »Nun bitten wir den heiligen Geist« entstanden bei dieser Gelegenheit.
Aus der Entwicklung des Halleluja-Gesanges ergibt sich aber nicht nur die Entstehung des volkssprachlichen Kirchenliedes, wobei es besonders bei den Osterliedern zu ausgesprochenen Halleluja-Liedern kommt (»Gelobt sei Gott im höchsten Thron«, »Wir wollen alle fröhlich sein«). Zur Geschichte des Halleluja-Gesangs gehören auch die vielen Vertonungen von Komponisten aller Epochen. Das »Halleluja« von Händel und die »Psalmensymphonie« von Strawinsky sind zwei herausragende Beispiele aus einer unübersehbaren Fülle. *nn*

Heide Wo wir in der hebräischen Bibel in unserer deutschen Übersetzung das Wort »Heiden« finden, sind die »Gojim«, das sind alle Völker im Gegensatz zu dem Volk Gottes, Israel, gemeint. Es täte gut, mit »Völkern« zu übersetzen, was so gemeint ist. Diese Völker werden zunehmend in den Heilsplan Gottes einbezogen. Im Bild der Völkerwallfahrt zum Zion wird eine Heilszukunft den Völkern angesagt. Zweifellos fühlte Jesus sich zu dem Volk Israel gesandt, auch das Urchristentum war auf dies eine Volk (mit wenigen besonders erwähnten Ausnahmen) beschränkt. Erst mit Paulus wandte sich die christliche Predigt auch an Menschen aus der Völkerwelt, das sogenannte Heidenchristentum entstand.
Zuerst gewann die christliche Botschaft in den Städten Anhängerschaft. Die Landbevölkerung erwies sich als konservativ, seinen alten Göttern und Kulturen treu. »Paganus« ist der Bewohner des Landes. »Paganus« ist der Heide.
Doch meint das germanische Wort »Heide« wild und ungebildet, das sagte man auch von der Landbevölkerung, so wurde der Heide zum »Nichtchrist«, dem der Makel der kulturellen Rückständigkeit anhaftet. Zu den »wilden Heiden« gingen dann auch die Missionare seit dem 8. Jahrhundert und brachten neben der Botschaft von dem gekreuzigten und auferstandenen Christus zivilisatorische Techniken, Medizin und Schulbildung. Juden und Muslime als Anhänger

monotheistischer Religionen nannte man in der Regel nicht Heiden, auch erwiesen sich beide Gruppen den jahrhundertelangen Missionsversuchen der Christen gegenüber als resistent. Schwingt bei der Bezeichnung anderer Menschen als Heiden Verachtung mit und sollte sie deshalb vermieden werden, so schwingt in dem Ausdruck als Selbstbezeichnung von Menschen im Europa und Amerika des 20. Jahrhunderts, die sich vom Christentum und allen Offenbarungsreligionen losgesagt haben, Stolz und Selbstbewußtsein mit. In ihren Augen sind die Christen und die Angehörigen anderer Religionen ihnen als den Religionslosen, den neuen Heiden, kulturell unterlegen. Im kirchlichen Sprachgebrauch ist das Wort »Heide« deshalb ungeeignet. *vis*

Heiland »O Heiland, reiß die Himmel auf...« oder »Nun komm, der Heiden Heiland...« – 18 mal wird Jesus in den Advents- und Weihnachtsliedern »Heiland« genannt. Im ganzen übrigen Gesangbuch 50 mal.

Heiland ist das Partizip Präsens des altdeutschen: heilan – heilen. Im altsächsischen heißt es »Heliand«. Es wird benutzt, um den griechischen »Soter« – eigentlich Retter – zu übersetzen. »Soter« nannten sich die Herrscher, die in der Nachfolge von Alexander dem Großen sich den Vorderen Orient aufteilten. Die römischen Statthalter haben von ihnen diesen Titel übernommen. Heil ist also das Versprechen, das die weltlichen Herrscher ihren Völkern machten – und meist nicht hielten. Es hat also das Heil mehr mit dem Frieden der Völker als mit dem Frieden der Seele, mehr mit dem staatlichen Recht als mit der persönlichen Gerechtigkeit, mehr mit der öffentlichen Gesundheitspflege als mit der individuellen Gesundheit zu tun.

Vergil hat die Hoffnung auf einen Weltenheiland, der als Kind in diese Welt kommt, im 4. Loblied ausgedrückt. Diese Hoffnung im ersten vorchristlichen Jahrhundert konzentrierte sich auf Augustus – und bestimmte wohl auch dessen Politik im römischen Reich. Es ist deshalb von einem tiefen Sinn, daß Lukas die Geburt Jesu mit der Weltpolitik des Kaiser Augustus verbindet.

Das Volks Israel erwartete den Messias, den gesalbten König aus dem Geschlecht Davids. Von ihm wurde die Revolution der ungerechten gegenwärtigen Verhältnisse erwartet, wie es das Magnificat der Maria im Lukasevangelium beispielhaft besingt: die (fremden) Mächtigen stößt er vom Thron, die Niedrigen hebt er aus dem Staub, die Hungrigen versorgt er mit Bestem, die Reichen gehen leer aus, dem Volk Israel hilft er auf.
Als göttlicher Heilsbringer reißt Jesus den Himmel auf, bringt Gottheit und Menschheit zusammen. Der Messias für Israel wird in der Mission der Heiden zum Heiden »Heliand«, zum »Heiland aller Welt«, wie wir ihn in der Advents- und Weihnachtszeit besingen. Mit dem sächsischen Heliand wurde versucht, christliches Gedankengut in sächsischen Vorstellungen und Sprache zur Mission zu nutzen. Aus Jesus wurde ein Herzog, seine Jünger sind Lehnsmänner, aus Nazareth wird eine Burg und Petrus kämpft als flinker Schwertdegen. Natürlich werden auch die Inhalte einer Botschaft eines solchen Heilands anders aussehen als die eines jüdischen Messias.
Auch in anderen Religionen sind vergleichbare Heil-bringende Menschen oder heilende Götter bekannt. Buddha ist ein solcher oder der Krishna der Hindus. Aber auch politische Heilande hat es gegeben – und sie haben sich wie Götter verehren lassen, sich damit aller menschlichen Kontrollen entzogen.
Die Verehrung Adolf Hitlers wies deutlich Züge einer quasi göttlichen messianischen Verherrlichung auf. Der Ruf und Gruß »Heil!« sollte dies bestätigen und in den Alltag eintragen. Es gilt Jesus Christus wiederzuentdecken als den Heiland der Welt, der allen Heilanden der Welt den Spiegel vorhält, an seiner Liebe, an seinem Gehorsam bis zum Tode am Kreuz müssen sich die Heilsbringer messen lassen. *vis*

Heilig In Respekt vor Gott haben die Menschen eine Sprache entwickelt, die speziell Gott vorbehalten ist und die vorzüglich geeignet ist, der Besonderheit Gottes gerecht zu werden. Denn würden dieselben Worte, besonders Pronomen und Fürwörter, für Gott

und Mensch gebraucht, dann wäre Gott bald vom Menschen nicht mehr zu unterscheiden.
Ein solches Wort ist »heilig«. Es macht verständlich, warum ernsthafte Christen mit dem Nazigruß »Heil Hitler« ihre Schwierigkeiten hatten, ersetzte er doch das in einigen deutschen Landschaften übliche »Grüß Gott« und wurde dann durch die Geschichte in seinem Unheil offenbar. Heilig ist nichts weiter als das Possessivpronomen Gottes: »es gehört Gott«. Die heilige Taufe und das heilige Mahl sind Stiftungen Christi. Die heilige Schrift ist das Wort Gottes an uns Menschen. Der heilige Geist ist Gottes eigner Geist. Jerusalem ist als Stadt Gottes die heilige Stadt, und der heilige Abend gehört der Feier der Geburt des Heilandes. Das Heiligtum Gottes ist der Platz, der Gott allein gehört, folglich findet im Heiligtum alle menschliche Macht ihr Ende. Aus diesem Gedanken ist folgerichtig entwickelt worden, daß verfolgten Menschen am Altar Asyl zu gewähren sei. Andererseits waren die Vorschriften für das »Allerheiligste« im Tempel von Jerusalem so streng, daß nur einmal im Jahr nach besonderen Heiligungsriten der Hohepriester in das Allerheiligste eintreten durfte.
Die Heiligen sind Menschen, die Gott ganz gehören. In diesem Sinn erkennen in den Evangelien die Geister und Menschen Christus als den Heiligen Gottes. Die Heiligen zeigen also keine besonderen ethischen und moralischen Qualitäten, vielmehr hat Gott auf sie seinen besonderen Anspruch deutlich gemacht. So wurde Paulus nicht durch seinen Gesetzeseifer heilig, den er in der Verfolgung der ersten Christen an den Tag gelegt hat, sondern durch die Berufung zum Apostel gerade durch den, den er verfolgt hatte. Wenn der Pietismus besonderen Wert auf die Heiligung gelegt hat, dann macht dies den Ernst der Besitznahme des Frommen durch Gott besonders deutlich. Wenn die Cherubim, die alttestamentlichen Thronwächter Gottes das dreifache »Heilig« vor Gott singen, dann nennen sie ihn, wie es Gott allein zukommt. Alle Geschöpfe gewinnen ihr Wesen in der Beziehung zu anderem Leben, sie dienen einander zur Nahrung, zur Hilfe, zur Fortpflanzung, zur Ergänzung. Die Heiligkeit Gottes sagt, daß er allein sich selbst gehört. Die Thronwächter feiern die Selbstheit Gottes. *vis*

Heiligen Abend Für die meisten Menschen bei uns ist der Heilige Abend die Nacht, in der Christus geboren wurde, der Höhepunkt des Weihnachtsfestes. Das tatsächliche Geburtsdatum Jesu kennen wir jedoch nicht. In den ersten Jahrhunderten der Kirche feierte man die Geburt des Kindes im Stall von Bethlehem am 6. Januar, dem Epiphaniastag. Vom 4. Jahrhundert an setzte sich dann der 25. Dezember als Weihnachtstag durch.

Der Begriff »Weihnachten« ist wahrscheinlich heidnischen Ursprungs und bezeichnet die geweihten Nächte um die Wintersonnenwende. Später für die Zeit vom 24. 12. bis zum 6. 1. verwandt, gilt der Name heute für die beiden Weihnachtstage am 25./26. Dezember.

Der Heilige Abend spielte früher keine große Rolle. Er galt als Vorbereitungstag auf den folgenden Festtag. Man beendete die Arbeit früher als sonst, säuberte das Haus und besuchte am frühen Abend die Christvesper und um Mitternacht die Christmette. Aus den schlichten Gebetsgottesdiensten, die dem Vorbereitungscharakter des Tages entsprachen, sind heute die meist überfüllten Gottesdienste des Heiligen Abend geworden.

Die Wandlung des Heiligen Abends ist sicherlich auch darauf zurückzuführen, daß die Bescherung unter dem Christbaum heute weihin im Mittelpunkt des Weihnachtsfestes steht. Früher verband man den Brauch des Schenkens in vielen Gegenden mehr mit dem Nikolaustag am 6. Dezember.

Auch die nächtlichen Ereignisse, von denen die Weihnachtsgeschichte berichtet, fügen sich ein in den Heiligen Abend: Die Verkündigung an die Hirten, die »des Nachts« ihre Herde hüteten; Engel steigen vom Himmel herab und rufen den Frieden auf Erden aus; und der Stern von Bethlehem verkündet des Nachts selbst im fernen Morgenland den Anbruch einer neuen Zeit. Die Nacht ruft unterschiedliche Gefühle in uns hervor. Sie ist einerseits dem Tod verwandt und löst Furcht und Grauen aus. Andererseits erwachen auch Gefühle der Geborgenheit, des Trostes. Sie ist eine Art »heilige Zeit« und in ihr geschieht »die Menschwerdung Gottes«. Wenn wir am Heiligen Abend die Geburt Jesu feiern, so kommt damit zum Ausdruck: Am Ende des Tages, am Ende der bisherigen Zeit beginnt mit dem Kind in der Krippe, dem Mann am Kreuz eine neue Zeit. *gw*

Himmel und Hölle »Du kannst wählen!« sagt das Kind und zeigt mir ein gefaltetes Stück Papier. Die Finger der kindlichen Hand sind verborgen, das zur Spitze gefaltete Papier zeigt auf mich. Ich zeige auf die Senkrechte. Das Kind öffnet die Spalte, sie ist rot ausgemalt. Es lacht: »Du kommst in die Hölle!« Die Öffnung der Waagerechten zeigt Blau, »so wärst du in den Himmel gekommen.« Wir dürfen wählen, und doch ist alles Schicksal, Zufall, das Ergebnis nur ein Kinderspiel. Beim Hinkelspiel muß ich im Himmel-und-Hölle-Feld eine Kehrtwendung machen. Die Kinderspiele, die immer mehr verschwinden, hatten uraltes Wissen aufgespeichert. Himmel und Hölle gehören als Teile zusammen wie oben und unten, innen und außen, Lohn und Strafe. Die Welt, die reiner Himmel wäre, gibt es nicht, darüber bin ich nicht traurig, wie es auch die Welt als Inkarnation der Hölle nicht gibt, darüber bin ich von Herzen froh.
Bevor sich vor uns das Tor auftut, wissen wir nicht, ob wir im Angesicht des Himmels oder der Hölle leben. Die Verantwortung für die Entscheidung ist groß. Das Kind ist sich seiner Verantwortung noch nicht bewußt, wenn es das Fach öffnet. Was tun wir unserem Nächsten auf, Himmel oder Hölle? Tödlich ist jener Humor, der beide Felder rot ausmalte, mir die Wahl anbietet, und doch kommt immer nur die Hölle heraus, ich habe gar keine Chance. Es gibt Menschen, die haben das Spiel verdorben, sie haben nur Schlechtes für mich bereit. Ich kann nur leben, weil ich vertraue, daß Gott das Spiel nicht verdorben hat, daß meine Verantwortung nicht umsonst gefordert wird, daß für mich eine Chance auf das Gute, Hoffnung auf den Himmel, besteht. Wo sind Himmel und Hölle (keiner verwechsle »sky« und »heaven«, das Weltall mit dem Ort Gottes!)? Das Kind im Spiel weiß es nicht, Himmel und Hölle werden dich überraschen. Vom Hinkelspiel lerne ich: Himmel und Hölle sind nicht das Ziel, wenn alles aus ist, Himmel und Hölle sind auf meinem Weg, wo ich zur Umkehr aufgefordert bin, entstehen sie für mich.
Obwohl ich nicht weiß, wo sie sind, weiß ich, daß sie Orte sind, an denen Jesus herrscht. Wenn wir beten und verkünden, daß Jesus Christus gen Himmel gefahren ist, dann geben wir der Hoffnung Ausdruck, daß der leidende, ermordete Menschensohn bei Gott Platz hat, daß deshalb unser Leiden und Tod von Gott angenommen

ist. Im Glaubensbekenntnis beten wir: hinabgestiegen in das Reich des Todes, bis vor kurzem klang das noch »niedergefahren zur Hölle«, und gab der Hoffnung Ausdruck, daß auch für jene die Hoffnung auf Leben gilt, die sich die Hölle schufen, die anderen zu Engeln des Todes wurden. Himmel und Hölle gehören zusammen im Reich des Herrn Jesus, des gekreuzigten Heilands. *vis*

Jungfrauengeburt »Empfangen durch den Heiligen Geist, geboren von der Jungfrau Maria.« So heißt es im Apostolischen Glaubensbekenntnis über die Geburt Jesu. Das altkirchliche Bekenntnis entstand in den ersten Jahrhunderten nach Christus und faßt den grundlegenden Gedanken der Jungfrauengeburt zusammen. Jesus sei nicht von leiblichen Eltern gezeugt worden. Trotz der Geburt ihres Sohnes sei Maria immer Jungfrau geblieben und von Sünde oder Erbsünde verschont worden. Denn mit jeder Zeugung oder Sexualität verbinde sich, so die alte Überzeugung, immer sündhaftes Verhalten.

Biblische Texte können die Idee der Jungfrauengeburt nicht begründen. Fast das gesamte Neue Testament geht selbstverständlich davon aus, daß Jesus wie andere Menschen auch leiblich von einer Frau geboren wurde. Im Galaterbrief (Galater 4,4) beschreibt Paulus ausdrücklich die menschliche Herkunft des »Sohnes Gottes«.

Lediglich zwei Stellen im Matthäus- und Lukasevangelium (Matthäus 1,18–25 und Lukas 1,26–38) stellen die Zeugung Jesu durch den Geist Gottes dar. Sie nehmen damit Vorstellungen der heidnisch-hellenistischen Umwelt auf, um den besonderen Charakter Jesu zu betonen. Als Sohn Gottes besitze er eine nicht-menschliche Würde.

Das Matthäusevangelium (Matthäus 1,23) bezieht sich außerdem auf eine Prophezeiung aus dem Jesajabuch, nach der eine »Jungfrau« schwanger werde (Jesaja 7,14). Matthäus zitiert in seinem Text die Septuaginta, eine griechische Übersetzung des Alten Testaments aus dem dritten Jahrhundert vor unserer Zeitrechnung. Die Septuaginta jedoch übersetzte den hebräischen Originaltext unkorrekt, der eindeutig von einer »jungen Frau« redet. Selbst die neueste Lutherbibel

von 1984 gibt den Jesajavers falsch wieder und benützt den Ausdruck »Jungfrau«.
In der orthodoxen Kirche und im Katholizismus spielen die Verehrung von Maria und die Betonung ihrer Jungfräulichkeit eine hervorragende Rolle. In jahrhundertelangen Auseinandersetzungen lief die Volksfrömmigkeit der offiziellen Kirchenlehre immer einen Schritt voraus. Erst im Jahr 1854 proklamierte Papst Pius IX, daß Maria »unbefleckt empfangen« wurde. Protestantische Theologen betrachten die Jungfrauengeburt nicht als notwendigen Bestandteil ihrer Glaubenslehre. Allerdings könne der Glaube an eine Geburt Jesu durch eine Jungfrau durchaus bedeutungsvoll sein. Denn Gott habe mit Jesus Christus einen völlig neuen Anfang mit der Menschheit gemacht. Seine Geburt könne deshalb als unvergleichlicher Akt der Schöpfung Gottes verstanden werden. *mr*

Kantor / Kantorei Die indogermanische Wurzel »kan«, die singen, klingen, tönen meint, wurde im Lateinischen zu canere = singen. Aus canere wurde cantor abgeleitet, so daß also Kantor »der Sänger« bedeutet.
Die germanische Substantivbildung machte daraus hanan. Daraus wurde im Deutschen der Hahn, der morgens »singt«. – Hätten Sie das gedacht?
Der Kantor war in alter Zeit der Vorsänger im gregorianischen Choral. So benannt nach Papst Gregor dem Großen, der die damalige Musik (aus griechischen, römischen und jüdischen Quellen stammend) reorganisieren und aufzeichnen ließ. Sie war einstimmig und wurde in freiem, fließendem Rhythmus gesungen. Um die Einheitlichkeit zu sichern, sandte man Lehrer der Schola Cantorum in Rom aus. Schola cantorum meint eigentlich die Gemeinschaft von geschulten Chorsängern, die vor der Notenschrift den Bestand der mündlich tradierten Choräle sicherten. Deren Gesang verdrängte aber die einfachen Melodien der Gemeinde. Es wird berichtet, daß die Deutschen die feinen Modulationen nicht so gut singen konnten, da ihre Kehlen »heiser waren vom vielen Trinken«. Der gregoriani-

sche Gesang ist noch heute die offizielle liturgische Musik der römisch-katholischen Kirche.
Später stieg der Kantor zum Gesangsmeister in Kirche und Schule (die in die Kirche integriert war) auf. Mit zunehmender Macht des weltlichen Adels taucht der Beruf des Kantors auch an Fürstenhöfen auf. Der Kantor wurde zum Hofkapellmeister. Bis zur Aufklärung war dies ein akademisches Amt und zumeist mit dem Lehramt an einer Lateinschule verbunden. Kantoren konnten zum Pfarrberuf wechseln.
Ab Ende des 18. Jahrhunderts war vor allem in kleineren Orten der Kantor und der Volksschullehrer eine Person, so daß im volkstümlichen Gebrauch Kantor und Lehrer Synonyme waren. Er hatte nun nicht mehr nur vorzusingen, sondern ihm oblag es vor allem, die Orgel zu schlagen. Heute wird der hauptamtlich angestellte Kirchenmusiker oft Kantor genannt. Einige Kirchengebiete verleihen den Tiel »Kantor« nach mehreren Dienstjahren an ihre Kirchenmusiker.
Die Kantorei ist nicht die Singerei des Kantors, sondern meint einen Chor unter der Leitung eines Kantors. Martin Luther lobte die Fürsten, die sich »Sänger und Cantorey« hielten, aber er befürwortete auch die Kantorei als eine städtische Einrichtung. Seitdem ist die Kantorei oftmals ein freiwilliger Zusammenschluß von Bürgern. Dieser Chor hatte die Aufgabe, fehlende Chöre am Ort (etwa einen Knaben- oder Schulchor) zu ersetzen. Heute wird unter einer Kantorei vielfach eine Gruppe von Musikern verstanden, die ein gottesdienstliches Musizieren pflegen. Dazu können sie sich des Gesangs, der Instrumente oder aber auch beider zusammen bedienen. *rg*

Kasualien werden die pfarramtlichen Angebote in besonderen Lebensfällen des einzelnen genannt. »Kasus« ist lateinisch »der Fall«. Wird der Ausdruck Amtshandlung benutzt, so soll zum Unterschied zum Sakrament betont werden, daß hier die Kirche und nicht Gott handelt. So ist die *Taufe* zwar ein Sakrament (durch Jesus Christus eingesetzte Handlung mit gegenständlichem Zeichen zur persönlichen Gnadenzuwendung Gottes zum Gläubigen), und doch ist es zusätzlich ein besonderer »Lebensfall«. Die Familie ist durch das Kind gewachsen.

Als Kasualie antwortet die *Konfirmation* auf die seelsorgerlichen Bedürfnisse in der Pubertät und hilft den Familien bei der Ablösung der Jugendlichen aus dem Elternhaus. Die *Trauung* ist das kirchliche Angebot, die Ehe unter das Wort Gottes zu stellen und sie im Namen Gottes zu segnen. Die *Ordination* ist die Segnung der jungen Pfarrerinnen und Pfarrer, in der Amteinführung wird nicht nur die kommende Amtsführung des Stelleninhabers unter das Wort Gottes gestellt, sondern zugleich der Gemeinde zum Gebet befohlen und um gedeihliches Miteinander gebetet.

Auch der *Übertritt* von einer anderen christlichen Konfession oder der *Rücktritt* kann zum Anlaß eines Gottesdienstes werden, jedoch wird wohl aus seelsorgerlichen Gründen meist auf diese Art der »Veröffentlichung« verzichtet. Ist das Abendmahl das zweite Sakrament unserer Kirche, so wird es als *Krankenabendmahl* doch zusätzlich zur Kasualie, in der das Kranksein des Patienten aufgenommen wird. Die besondere seelsorgerliche Situation wird unter das Wort Gottes gestellt, bestimmend bleibt das Wort Gottes. Wird dies nicht beachtet, so wird aus der Predigt bei einem *Begräbnis* eine Trauerrede, die nicht Gott, sondern dem Verstorbenen die Ehre erweist. Schließlich sind noch die verschiedenen *Segnungen* zu nennen, die Menschen erbitten, was sowohl in Krisen als auch bei Jubiläen in letzter Zeit wieder zunehmend geschieht. Manche Vereine wünschen zum Beispiel für ihr Vereinsleben eine gottesdienstliche Begleitung.

In ihrer liturgischen Form sind die Kasualien einfach gehalten, sie sollen stets deutlich machen, daß in keinem anderen Namen hier gehandelt wird als im Namen des dreieinigen Gottes, Psalm und Gebet, aber auch Lied sind wichtige Bestandteile.

Wie sehr auch die Auslegung in der Predigt den besonderen Lebensfall bedenkt, so hört sie doch nicht auf, Auslegung des Wortes Gottes zu sein. Für viele Menschen sind die Kasualien das letzte Band, das sie mit der Kirche und der Botschaft von Gottes Liebe zum Menschen verbindet. *vis*

Katakomben Die bekanntesten und am meisten aufgesuchten »Katakomben« sind wohl die Roms. Doch es gibt noch eine Reihe anderer Ortschaften, die ihre unterirdischen Friedhöfe »Katakomben« nennen und deren Begräbnisstätten unter der Erde denen Roms ähneln. Am ehesten gleichen noch die unterirdischen Grabanlagen Neapels denen von Rom, während die »Katakomben« von Palermo ganz anderer Art sind und auch aus einer anderen Zeit stammen. Auch in Rom selbst gibt es verschiedene Katakomben und nicht nur die berühmten und viel besuchten an der Via Appia. Doch es dürften die an dieser alten römischen Ausfallstraße nach Süden gelegenen unterirdischen Gräber sein, die für alle solche Anlagen in Rom selbst und außerhalb den Namen abgegeben haben.
Es ist zwar nicht mit letzter Sicherheit festzustellen, aber doch sehr wahrscheinlich, daß es sich bei dem Wort »Katakombe« um eine alte Ortsbezeichnung handelt, daß also ein Stück Land an der Via Appia, unter dem man einen unterirdischen Friedhof anlegte. Höchstwahrscheinlich handelte es sich um einen Steilhang nahe der alten Straße – der vielleicht als Steinbruch benutzt wurde –, in dessen weichem Tuff-Stein man um die Zeitenwende die neuartige Grabanlage schuf. Man trieb von der Seite her horizontale Stollen in das leicht zu bearbeitende Gestein und hieb rechts und links längliche Nischen in die Seitenwände, in die man die Toten legen konnte. Diese Nischen wurden mit Steinplatten verschlossen. Als man schon sehr weit in den Hang hinein Gänge vorangetrieben und miteinander verbunden hatte, begann man auch noch darüber und darunter neue Stollen auszuhauen und diese an verschiedenen Stellen mit den darunter, und darüberliegenden Gängen zu verbinden. So entstanden Grabgangfluchten von vielen Kilometern Länge in labyrinthhafter Vernetzung.
Diese Größe und Unübersichtlichkeit der römischen Katakomben außerhalb der Stadttore ließen sie als idealer Zufluchtsort für Menschen erscheinen, die als einzelne oder als Gruppe sich verstecken wollten. In welchem Umfang die durch den römischen Staat verfolgten Christen sich in die Katakomben flüchteten, ist heute umstritten. Man weiß mit Gewißheit, daß sie ihre getöteten Glaubensgenossen hier beisetzten und an ihren Gräbern nicht nur bei der

Bestattung, sondern auch später noch gottesdienstliche Feiern abhielten. Zum Teil richteten sie in Nischen zwischen den Gängen sogar kleine Kapellen mit Altären ein, wo man sich zu Abendmahlsfeiern versammelte.

Die ausgemalten Wände und Decken dieser urchristlichen Versammlungsstätten und die verzierten steinernen Grabverschlüsse legen bis heute ein beredtes Zeugnis ab von dem Glauben der frühen Christen und ihrer Bereitschaft, für diesen Glauben auch das Martyrium zu erleiden. Am eindrucksvollsten ist dies gerade in den Katakomben des Heiligen Sebastian und des Heiligen Kallixt außerhalb der Porta San Sebastiano an der Via Appia Antiqua zu sehen, von denen der Name Katakombe wohl seinen Ausgang nahm. *mf*

Katholisch Jede Kirche, wenn sie das apostolische Glaubensbekenntnis angenommen hat, ist eine katholische Kirche, einige evangelische Kirchen benutzen die Übersetzung »allgemein«, andere wieder lassen das Wort wegen der Verwechslungsmöglichkeit mit der römisch-katholischen Kirche aus.

Doch anders als die anderen »katholischen« Kirchen, die sich als Teil der einen weltweiten Kirche verstehen, versucht die römisch-katholische Kirche dies selbst zu sein und verwirklicht die Einheit durch eine einheitliche Kirchenorganisation unter dem Primat des Bischofs von Rom, des Papstes als Nachfolger Petri. Diese Kirchenorganisation ist eine zentralistische Wahlmonarchie, gewählt durch die Kardinäle als die Wahlbischöfe. Einer besonderen Ehrenstellung des römischen Bischofs können die meisten anderen Kirchen der Ökumene zustimmen, jedoch keiner Jurisdiktion oder gar einer letzten als unfehlbar dogmatisierten Lehrautorität. Mit dieser Lehrkompetenz, die auch von den Konzilen eingenommen werden kann, sucht die römische Kirche die Lehreinheit sicherzustellen. Dies geht nur, wenn die Lehre einen unhistorischen Charakter hat und eine Gültigkeit unabhängig von den sozialen Gegebenheiten der Region, in der der Glauben gelebt werden sollte. Bis zum zweiten Vatikanischen Konzil (1962–65) war die dritte Säule der weltweiten Einheit

die einheitliche liturgische Sprache – lateinisch. Sie ist zugunsten der Landessprachen aufgegeben worden.
Weitere Unterscheidungen sind die Sakramentenlehre, die römisch-katholische Kirche kennt sieben (Taufe, Beichte, Messe, Firmung, Ehe, Priesterweihe und Krankensalbung), die evangelische Kirche nur zwei (Taufe und Abendmahl). Die Messe wird im Sinne der Realpräsenz Christi als Wandlung der Substanzen Wein und Brot in den wirklichen Leib und das wirkliche Blut Jesu verstanden; die Priesterweihe ist den zölibatär lebenden Priestern vorbehalten, es ist ein Zwangszölibat und nicht – wie in den anderen Kirchen – eine freiwillige Entscheidung des Einzelnen. Der Ablaßhandel, die Lehre von den guten Werken der Heiligen und der Reliquienkult, die einst zur Reformation führten, sind heute in der römisch-katholischen Kirche entweder abgeschafft oder so eingeschränkt, daß sie nicht mehr kirchentrennend sein würden. *vis*

Katechismus ist Taufunterricht. Schon die Urgemeinde kannte Formeln, in denen der Kern der Lehre und des Lebens überliefert wurde (etwa 1. Korinther 15,3–5; Philipper 2,5–11). Der Taufunterricht verschwand, als die Kindertaufe sich durchsetzte, wurde zur Aufgabe für Eltern und Paten.
Doch um der Beichte willen mußten Beichtspiegel mit dem Merkstoff aus den Lehren der Kirche entwickelt werden, so das Beichtbüchlein des Frankfurter Magisters Joh. Wolff von 1478. Dieses Büchlein behandelt: Was man glauben (Credo, Sakramente, Gebote), wie man nach dem Glauben leben (Gebote, Sünden) und wie man in dem Glauben heilig sterben soll (Werke der Barmherzigkeit, Geistesgaben, Seligkeiten).
Luther sieht die Notwendigkeit zu einem »groben, schlichten, einfältigen, guten Katechismus« (Vorrede zur Deutschen Messe 1526), der Heiden zu Christen macht. Zuerst sollten dazu die 10 Gebote, das Glaubensbekenntnis und das Vaterunser gehören. Die Sakramente kamen dann später dazu und bildeten »Wie man die Einfältigen soll lehren beichten« den Inhalt des kleinen Katechismus. Dieser ist dann als Teil des Konkordienbuches in den Rang einer

Bekenntnisschrift erhoben, verbindlicher Lehrstoff im Luthertum geworden.
Er hat sein Gegenstück im Heidelberger Katechismus für die Reformierten. Die Vorarbeit hatte Ursinus geleistet, 1563 wird er in die Pfälzer Kirchenordnung aufgenommen und von vielen Ländern übernommen.
Zum 300jährigen Reformationsgedenken entstanden 1817 zuerst in Nassau, dann in Preußen, Hessen und anderswo Kirchenunionen zwischen Lutheranern und Reformierten, sehr häufig wurde der lutherische kleine Katechismus, angereichert um einige Fragen aus dem Heidelberger Katechismus, verbindlich gemacht.
Zu allen Zeiten hat es neben den verbindlichen Katechismen eigenständige Entwürfe gegeben. So Speners »Erklärung der christlichen Lehre« 1677 (Spener war damals Senior der Pfarrer in Frankfurt) oder Bonhoeffers »Versuch eines lutherischen Katechismus« 1932, und schließlich der bedeutendste Entwurf nach dem Krieg, der »Evangelische Erwachsenen-Katechismus« 1975. *vis*

Kirche »Ich gehe zur Kirche«, sagt der Pfarrer zu seiner Frau, und in den meisten der Fälle meint er, daß er zu dem Gebäude geht. »Ich gehe zur Kirche«, sagt die fromme Frau, und sie meint, sie besucht den Gottesdienst. »Ich gehe zur Kirche«, sagt die Erzieherin, die in einem Kindergarten der Kirchengemeinde eine Anstellung gefunden hat, wie der Angestellte bei einem Rentamt, einem Gemeindeverband, in der Kirchenverwaltung seiner Arbeit nachgeht. Gottesdienstliche Gemeinde, Gebäude und Organisation, das sind die drei Bedeutungen des einen Wortes Kirche. Das deutsche Wort Kirche ist abgeleitet von dem griechischen »Kyriakion«, meint »dem Herrn gehörig«. Damit wird betont, daß es weder menschliche Besitz- noch Machtansprüche auf die Kirche geben kann. Der Gottesdienst geschieht im Namen des dreieinigen Gottes, die Kirche ist das Haus Gottes, und die Gemeinschaft der Kirche ist der Leib des Herrn. Der Ausdruck »Ekklesia« für Kirche meint »die Herausgerufene« und spielt auf die Berufung des Christen aus dieser Welt hin zu Gott an.

Nicht Kirsche!
K-i-r-ch-e!
Kirsche?

Dies sind die Eigenschaften der Kirche nach dem Glaubensbekenntnis der alten Kirche: Es ist nur *eine* Kirche, damit sind die christlichen Kirchen der verschiedenen Konfessionen zu einer ökumenischen Einheit durch das Glaubensbekenntnis verpflichtet. Diese eine Kirche ist *heilig*, sie gehört Gott. Sie ist *allgemein* (griechisch: »katholikos«) denn es ist eine Kirche, die alle Christen unabhängig ihrer Volks-, Staats-, Rasse-, Kultur-, Standeszugehörigkeit und unabhängig vom Geschlecht, umfaßt. Sie ist *apostolisch*, da sie die Lehre der Apostel erstnimmt und sich ausrichtet nach dem Vorbild der Apostel. Es ist eine *christliche* Kirche, weil sie nur den einen Herrn anerkennt, nämlich Jesus Christus.
An den Portalen der gotischen Kirchen wird oft die triumphierende Kirche mit dem Banner der Auferstehung dargestellt. Ihr gegenüber steht die Synagoge, die Binde über den Augen zeigt, sie hat das Heil in Christus nicht erkannt, ihre Lanze ist zerbrochen. Heute erkennen wir die Überheblichkeit und einen mörderischen Antijudaismus, der zu dieser Darstellung der beiden Schwestern – Kirche und Synagoge – geführt hat. *vis*

Kirchenjahr Unser Jahr richtet sich nach dem Umlauf der Erde um die Sonne. Wer es nach dem Mond berechnet, erhält das Mondjahr, das etwa einen Monat kürzer ist als das Sonnenjahr. Andere Berechnungen richten sich nach gesellschaftlichen und ökonomischen Gesichtspunkten wie das Schul-, das Steuer-, das Urlaubsjahr.
Das Kirchenjahr beginnt mit dem 1. Advent. Es berechnet sich stets nach einem kalendarisch festen Termin und einem von Jahr zu Jahr wechselnden. Fest steht der Weihnachtstermin: 25. Dezember (der 24. Dezember ist eigentlich nur der Vorabendgottesdienst vorm Fest), beziehungsweise das Epiphaniasfest: 6. Januar. Dem Christenfest geht eine vierwöchige Vorbereitung (ein Fasten!) voraus: die Adventszeit. Die Zahl der Sonntage zwischen Christfest und Epiphanias kann schwanken (1 oder 2). Variabel sind auch die Sonntage nach Epiphanias. Liegt Ostern spät, dann kann es bis zu sechs Sonntage nach Epiphanias geben, dann folgen drei Sonntage, bevor

die Passionszeit beginnt. Die Passionszeit sind die 40 Fastentage vor Ostern.
Ostern liegt stets auf dem ersten Sonntag nach Vollmond nach Frühlingsanfang. 50 Tage nach ihrem Pesachfest feiern die Juden ihr Wochenfest – zu diesem Anlaß waren die Jünger zusammen im Tempel von Jerusalem, als sich das Pfingstfest ereignete.
So liegt Pfingsten sieben Wochen nach Ostern, stets ist zehn Tage vor Pfingsten das Fest Christi Himmelfahrt. Der Sonntag nach Pfingsten feiert die Trinität von Gottvater, Sohn und Heiligem Geist.
Die Sommerzeit, die festlose Zeit des Kirchenjahres zählt alle Sonntage nach Trinitatis, es können bis 24 werden.
Die drei letzten Feiertage bereiten auf das Ende des Kirchenjahres vor und bedenken den Tod, deshalb ist der vorletzte Sonntag der Volkstrauertag, in der Woche folgt dann der Buß- und Bettag, und der letzte Sonntag im Kirchenjahr ist der Totensonntag, der auch Ewigkeitssonntag geheißen wird. *vis*

Kirchensteuer / Kirchengeld Die Kirchensteuer ist eine echte Steuer; sie wird von den Mitgliedern der Kirchen ohne Gegenleistung erhoben. Das Grundgesetz leitet die Befugnis der Kirchen, Steuern zu erheben, aus deren Status als Körperschaften des Öffentlichen Rechts her (Art. 140 i. V. m. Art. 136ff. WRV).
Die Kirchensteuer wird als Zuschlag zur Lohn- oder Einkommensteuer erhoben. Je nach Bundesland beträgt der Zuschlag 8 bis 10 Prozent dieser Steuer (nicht des Einkommens). Verträge zwischen Staat und Kirchen regeln, daß die Kirchensteuer durch die staatlichen Finanzämter eingezogen werden kann. Von dieser Möglichkeit haben die Kirchen Gebrauch gemacht.
Neben dieser Landeskirchensteuer gibt es auch das Kirchgeld. Es kann von Personen erhoben werden, die der Kirche angehören, aber nicht kirchensteuerpflichtig sind; oder es kann ganz allgemein ortskirchlichen Zwecken dienen. Vom einen sind vor allem Ehegatten ohne Einkommen betroffen, wenn der verdienende Ehegatte keiner Kirche angehört. Das andere wurde in den letzten Jahrzehnten we-

nig praktiziert, kann aber von Bedeutung werden, wenn die Kirchen es benötigen.

Die Kirchensteuer wurde im 19. Jahrhundert vom Staat eingeführt, nachdem dieser zweimal (Reformation und Säkularisation) große Teile des kirchlichen Vermögens an sich gerissen hatte. Heute macht sie die Kirchen unabhängig, gibt ihnen große Möglichkeiten und entlastet den Staat, wenn die Kirchen öffentliche Aufgaben wahrnehmen und selbst finanzieren.

Die Kirchensteuer ist heute umstritten. Kritiker und Mitglieder der Kirche sehen sie als ein unzeitgemäßes Privileg an. Durch die Verlagerung der staatlichen Steuern von den direkten zu den indirekten im Rahmen der Europäischen Gemeinschaft verliert sie an Wirkung. Das kann die Kirchen in finanzielle Schwierigkeiten bringen. *jt*

Kirchentag Die historische Entwicklung des Deutschen Evangelischen Kirchentags (DEKT) gliedert sich in drei Abschnitte. Der 1. Abschnitt umfaßt die 16 Kirchentage zwischen 1848 und 1872. Hier trafen sich kirchlich gesinnte Theologen, ihr Ziel war die Bildung eines evangelischen Kirchenbundes für Deutschland, an diesem Ziel scheiterten sie, nicht zuletzt deshalb, weil die konfessionellen Lutheraner fernblieben. Die Bedeutung liegt in den Anregungen für die Diakonie. 1848 hatte J. H. Wichern mit einer zündenden Stegreifrede die Gründung des »Centralausschusses für die innere Mission der deutschen evangelischen Kirche« bewirkt.

Der 2. Abschnitt umfaßt sechs Kirchentage zwischen 1919 und 1930. Hier waren Vertreter der Kirchenleitungen, Synoden und Verbände beieinander. Sie gründeten 1922 den Deutschen Evangelischen Kirchenbund, dem DEKT fiel die Rolle einer Bundessynode zu.

Der 3. Abschnitt beginnt mit der Evangelischen Woche 1949 in Hannover, die den DEKT neuerer Prägung schuf. Entscheidend war Reinold von Thadden-Trieglaff als Anreger und erster Organisator, er wurde erster Generalsekretär. Der DEKT ist unabhängig von der Evangelischen Kirche in Deutschland und den Gliedkirchen, auch wenn es nicht an Versuchen gefehlt hat, Einfluß zu nehmen. Der

DEKT ist eine Laienbewegung. Mit einem kleinen Stab von hauptamtlichen Mitarbeitern unter dem Generalsekretär in Fulda richtet die Präsidialversammlung (ca. 90 Personen) unter dem Präsidium mit seinem Präsidenten zweijährlich (bis 1954 jährlich, ab 1957 alternierend mit dem Katholikentag) das Glaubensfest des Protestantismus aus. Ursprünglich als gemeinsames Fest der evangelischen Christen in Mittel- und Westdeutschland gedacht, wurde dies bald aus politischen Gründen unmöglich, bis 1990 die deutsche Einheit die ursprüngliche Situation wieder herstellte.
Lag ursprünglich das Gewicht auf der Großkundgebung und den thematischen Foren – es hat immer dazu Bibelarbeiten gegeben –, so erlebte der Kirchentag Höhen und Tiefen, Veränderungen und Erweiterungen, so kam der Markt der Möglichkeiten hinzu, der in seiner Vielfalt besonders den Frommen ein Dorn im Auge ist. Der DEKT gab für das gemeinde- und gottesdienstliche Leben reiche Anregungen: Liturgische Nacht, Abendgebet zur Sache, Feierabendmahl, Halle der Stille sind zu nennen. Die Entwicklung des neuen geistlichen Liedgutes ist ohne die Kirchentage nicht denkbar. Politische Fragen sind immer auf dem Kirchentag kontrovers aber geschwisterlich diskutiert worden: Friedensfragen, die Fragen der Ökologie und nun wohl Südafrika und seine Apartheidspolitik. Sensibel hat der Kirchentag sich den Fragen zwischen Juden und Christen, Männern und Frauen, Behinderten und Nichtbehinderten und wie diesmal wohl der Fragen zwischen Einheimischen und Fremden angenommen. *vis*

Kirchweih In der frühen Kirche wurden die gottesdienstlichen Räume durch die erste bischöfliche Messe geweiht, dieser Ritus wächst durch die Verehrung der Märtyrer, deren Gebeine in oder unter dem Altar beigesetzt wurden. Die Weihe des Altars ist im 6. Jahrhundert bezeugt und beruft sich auf das Alte Testament. Er ist der Ort, an dem der Priester das Opfer Jesu in der Messe vollzieht. Der umfangreiche Ritus des Pontificale Romanum (um 1000) wurde 1961 gründlich vereinfacht und besteht aus Einholung der Reliquie am Vorabend. Nachtwache, Besprengung mit Weihwasser, Nieder-

schrift des lateinischen und griechischen Alphabets in Kreuzform mit Asche auf dem Fußboden, Beisetzung der Reliquie, Salbung von Kirche und Altar, Hochgebet und erster Eucharistie. Die Kirchen erhalten damit einen unverletzlich sakralen Charakter.
In den reformatorischen Kirchen wird ein Gottesdienstgebäude durch die erste Feier in Benutzung genommen. Der Raum hat keinen sakralen Charakter, der Altar ist nicht Opferstätte. Das Gebäude ist Teil der ganzen Gott geheiligten Welt.
Jubiläen der Einweihung oder der Tag des Kirchenpatrons wurden mit großen Feiern begangen. Zu diesem Anlaß kamen viele Menschen zur Kirche, bei Wallfahrtskirchen auch von weit her, wurde die Gelegenheit zum Handel und zur Volksbelustigung genutzt.
Der Termin ist oft in den Herbst nach der Ernte verlegt worden, war auch zu Michaelis (29. September) der Kirchenzehnte fällig. Die Volksbelustigungen sind von landesherrlicher oder kirchlicher, besonders evangelischer, Seite unterdrückt worden. Jedoch ohne Erfolg. Sie sind häufig heute die letzte Erinnerung an die alte Kirchenweihe. Das Wort Kerb für Kirchweih, das um Frankfurt herum üblich ist, ist fränkischen Ursprungs (Kirwe; Kirbe; Kerb), während die niederdeutsche Kirmes die Kirchmesse meint. *vis*

Kollekte muß das sein? Kann die Kirche nicht einmal etwas tun, ohne die Hand fordernd oder bittend geöffnet hinzuhalten? Zahlt man nicht schon genug Kirchensteuer? In der Kollektenordnung unserer Kirche heißt es: »Das Dankopfer der Gemeinde ist neben Wortverkündigung, Sakramentsverwaltung, Lied und Gebet ein Stück des Gottesdienstes der Gemeinde.« Dieses Dankopfer wird »Kollekte« genannt. Es bedeutet soviel wie sammeln, zusammenbringen.
Kollekte – verstanden als Zeichen des Dankes. Der Gottesdienstbesucher, der in der Wortverkündung und im Abendmahl der Liebe Gottes begegnet, selbst mit Trost und Zuversicht beschenkt wird, wird zum Gebenden. Paulus hat in Korinth eine Kollekte für die notleidende Gemeinde in Jerusalem gesammelt und dazu geschrieben: »Ein jeder gebe, wie er's sich in seinem Herzen vorgenommen

hat, nicht mit Unwillen oder aus Zwang; denn einen fröhlichen Geber hat Gott lieb.«
Also: keine opferbereite Verbissenheit, kein gedankenloser Geldspende-Automatismus, kein Alibi fürs schlechte Gewissen, sondern Bereitschaft zur Nächstenliebe, die über der Not der anderen nicht zur Ruhe kommt und hilft. So gehört die Kollekte in den Gottesdienst. Sie ist persönliche Antwort und Stellungnahme zum Fürbittengebet für die Notleidenden. Das Wort Gottes schärft den Blick für das Notwendige. So darf auf die Information über die Bedeutung und Zweckbestimmung der Kollekte nicht verzichtet werden. Der Gottesdienstbesucher muß wissen, wofür er sein Geld gibt.
Es sind grundsätzlich zwei Arten von Kollekten zu unterscheiden: Zum einen gibt es die für alle Gemeinden verbindlichen Kollekten. Sie werden von der Kirchensynode für konkrete Zwecke bestimmt wie beispielsweise für Suchtkrankenhilfe, Kirchenmusik oder Arbeit des Ökumenischen Rates der Kirchen, für die Hungernden der Erde oder die Bodelschwinghschen Anstalten in Bethel und vieles mehr.
Zum anderen werden Kollekten für die eigene Gemeinde erhoben, deren Zweck der jeweilige Kirchenvorstand festlegt.
Sie finden ihre Verwendung in der konkreten Behebung von Einzelnöten oder aber für die Mitfinanzierung besonderer Gemeindearbeit.
Zur korrekten Verwaltung all dieser Gelder ist der Kirchenvorstand verpflichtet. Diese Arbeiten werden in der Regel ehrenamtlich durchgeführt.
Es fallen keinerlei Verwaltungskosten an. So kann das Gemeindemitglied, das seinen Obolus auf den Kollektenteller legt, darauf vertrauen, daß seine Spende in voller Höhe dem Zweck zugute kommt, wofür sie bestimmt ist. *jp*

Konfirmation Die Taufgesinnten der Reformationszeit, von ihren Gegnern »Wiedertäufer« genannt, warfen der Kirche vor, indem sie Säuglinge taufe, taufe sie Menschen auf ein Bekenntnis, das sie noch gar nicht ablegen könnten, in dem sie nicht einmal unterwiesen seien, wie zweifelsfrei der Taufbefehl im Matthäusevangelium mit der Wendung »und lehrt sie halten alles, was ich euch befohlen habe« verlangt. Martin Bucer (1491–1551), 1538 vom hessischen Landgrafen berufen, führt die Konfirmation in Hessen ein. Die Konfirmation beschloß den nachgeholten Taufunterricht, ließ zum Abendmahl und zum Patenamt zu. Aus dieser Zeit stammt auch die Konfirmationsformel: »Nehmet hin den heiligen Geist, Schutz und Schirm vor allem Argen, Hilfe und Stärke zu allem Guten durch Jesus Christus unsern Herrn.« Das Alter für die Konfirmation ist nicht genau festgelegt, gehörte früher zum Ende der Volksschulzeit, ist heute das 14. Lebensjahr, damit in die zeitliche Nähe zur jüdischen Bar-Mitzwah-Feier, mit der ein jüdischer Junge am 13. Geburtstag Vollmitglied in der Synagoge wird.

Der Begründer des Pietismus, Philipp Jakob Spener (1635–1705), der als Senior in Frankfurt von der in hessischen Gemeinden durch das Jahrhundert der Orthodoxie lebendig gebliebenen Tradition der Konfirmation erfuhr, nutzte sie für seine Ziele: Zu den bisher gegebenen Zielen tritt nun die Einführung in die Praxis der Frömmigkeit und die Vertiefung der Bibelbekenntnisse.

In der Zeit der engen Bindung von Thron und Altar wurde Konfirmandenunterricht, der damals zwei Jahre dauerte, sowie die auf die Konfirmation folgende mehrjährige Christenlehre oft dazu gebraucht, der Obrigkeit gegenüber ruhige Untertanen zu schulen.

Mit der Trennung von Staat und Kirche in der Weimarer Verfassung weist die Kirche dem Konfirmandenunterricht die Aufgabe zu, Gemeinde aufzubauen. In der Nazizeit muß er auch noch die Defizite des schulischen Religionsunterrichtes aufarbeiten. Alle Ziele sind gültig geblieben, dazu wird seit der Mitte der 60er Jahre der Konfirmandenunterricht stärker als Teil der seelsorgerlichen Bemühung um die Jugendlichen in schwieriger Entwicklungsphase verstanden. Er hat deshalb stärker als zuvor Methoden der Jugendarbeit einbezogen.

Der sozialistische Staat setzte gegen die Konfirmation die frei-religiöse und dann sozialistische Jugendweihe. Die Kirchen in der DDR haben gegen die Jugendweihe für die Konfirmation mit der Praxis der Unvereinbarkeit beider Feiern gekämpft. *vis*

Kruzifix Als Denkmal und zur dauernden Mahnung stehen sie in manchen Gegenden am Straßenrand. In Kirchen schmücken sie den Altar. Und bei frommen Familien hängen sie im Wohnzimmer an der Wand: Kruzifixe. »Das Kruzifix« stellt die Szene dar, wie Jesu – von römischen Soldaten ans Kreuz genagelt – stirbt. »Der Kruzifixus« bezeichnet die Figur Jesu selbst, meist nur mit einem Lendentuch bekleidet. Die ersten Beispiele solcher Kunstwerke stammen aus dem 5. Jahrhundert und zeigen die Jesus-Figur mit vier Nägeln ans Kreuz geschlagen. Spätere Jahrhunderte verändern die strenge Formensprache: die Beine sind übereinandergelegt, der Körper ist dreimal angenagelt. Unterschiedlich ist auch der Gesichtsausdruck: Betont das Kruzifix die menschliche Seite Jesu mehr, zeigt es die Figur leidensvoller. Versteht das Kunstwerk Jesus mehr als göttlichen Mittler, der das Leiden willig annimmt, läßt es ihn »schmerzloser« erscheinen. Ähnlich wie Bilder von Heiligen sind Kruzifixe immer wieder Anlaß für Auseinandersetzungen geworden. Darf Jesus, nach christlicher Überzeugung der Sohn Gottes, der den Kreuzestod zugunsten aller Menschen auf sich nahm, in einem Kunstwerk dargestellt werden? Mit einem strengen Verbot hatte schon das Alte Testament jegliche Gottesdarstellung belegt: »Du sollst dir kein Bildnis machen.« (2. Mose, Kapitel 20, Vers 4) Sogenannte »Bilderstreitigkeiten« in späteren Jahrhunderten endeten aber ohne einheitliche Lehrmeinung. Besonders die Volksfrömmigkeit setzte Heiligenbilder und Kruzifixe durch. Sie sollen die Nähe Gottes und seine Barmherzigkeit darstellen, ohne jedoch den Anspruch zu erheben, eine Abbildung Gottes oder Jesu selbst zu sein. Die Kunstwerke dienen lediglich als Punkt der Konzentration des Gebets. Im evangelischen Bereich lehnt die reformierte Tradition Bilder und Kruzifixe ab, während die lutherische sie zuläßt. *mr*

Kurrende In der Vorweihnachtszeit, wenn der Römerberg sich zum Weihnachtsmarkt verwandelt, kann man dort an den Verkaufsständen noch der Kurrende begegnen – jedoch nicht in der Weise sichtbar und hörbar, wie das zwischen dem 15. und der zweiten Hälfte des 18. Jahrhunderts möglich war. In jener Zeit war es üblich, daß Knabenchöre – meist Schüler der Lateinschulen – unter Leitung eines älteren Schülers, des Präfekten, in den Straßen und auf öffentlichen Plätzen geistliche Lieder sangen. Musik war ein wesentliches Unterrichtsfach – fünf Stunden pro Woche war die Norm, der Kantor war nach dem Rektor der Ranghöchste.

Die Kurrende – von lateinisch currere – laufen beziehungsweise von corradere – betteln –, das waren meist bedürftige Schüler, die sich auf diese Weise eine kleine finanzielle Einnahme verschafften; denn wie wir heute den Straßenmusikanten etwas in ihren Hut oder Geigenkasten legen, war es damals Sitte, diese Chorsänger durch Geldspenden oder auch mit Naturalien zu unterstützen und ihnen zu danken.

Die Aufgaben der Kurrende, die Bedingungen zur Aufnahme, die Teilnehmerzahl, Umsingezeiten, Umsingewege und Gabenverteilung waren in den Kirchen- und Schulordnungen genau festgelegt.

Wir wissen, daß auch Martin Luther sich als Schüler in Magdeburg und Eisenach sein »Stipendium ersang«. Bei diesem kurrendemäßigen Umsingen – meist zwei- bis dreimal wöchentlich, dann auch bei Prozessionen, Hochzeiten und Beerdigungen – trugen die Kurrendaner schwarze Radmäntel und flache schwarze Kappen mit Hängequasten. Und so treffen wir sie heute noch auf dem Weihnachtsmarkt an als holzgeschnitzte Figuren, die auf der Weihnachtspyramide laufen oder vor dem Holzkirchlein singen. Unter dem Einfluß der Reformation und der Befürwortung Luthers nahm das Kurrendewesen vor allem in den protestantischen Gegenden zu, und die Chöre wurden auch zur Gestaltung der Gottesdienste und Vespern herangezogen. Mit der Aufklärung und der Lockerung der Beziehungen zwischen Schule und Kirche ging dieser Brauch immer mehr zurück, konnte sich jedoch in den kirchenmusikalischen Zentren wie Leipzig und Dresden noch bis Ende des 18. Jahrhunderts halten. In manchen Gegenden blieb diese Sitte in der Form des Advents- und Weihnachtsliedersingens bis in unser Jahrhundert bestehen. Im Gefolge der Jugendbewegung erlebte die Kurrende in den zwanziger Jahren dieses Jahrhunderts noch einmal eine kurze Wiederbelebung. *gw*

Lehrgespräch / Lehrzuchtverfahren Die evangelische Kirche kennt kein Lehramt, das, wie in der katholischen Kirche der Papst, letztgültig entscheiden könnte, was in ihr Inhalt des Glaubens ist. Sie traut allein der Bibel die Lehrautorität zu. Doch diese biblische Wahrheit wird nur in menschlicher Verkündigung laut. Das kann zu widersprüchlichen Auslegungen führen. Die Reformation hat im Augsburger Bekenntnis von 1530 dem bischöflichen Amt zugesprochen: »nach göttlichem Recht das Evangelium predigen, Sünden vergeben, Lehre beurteilen und die Lehre, die dem Evangelium entgegensteht, verwerfen und die Gottlosen... aus christlicher Gemeinde ausschließen, ohne menschliche Gewalt, sondern allein durch Gottes Wort«. Nicht zuletzt dienten die sogenannten »Visitationen« und ihre Ordnungen der Reinhaltung der Lehre. Was die rechte Lehre ist, soll das brüderliche (damals dachte man noch nicht an die Schwestern) Gespräch klären. Die dialogische Struktur (Gott ruft, der Mensch antwortet) wird auch für die Wahrheitsfindung als wesentlich erkannt. Leider wurde aber bald auf die Gewalt nicht mehr verzichtet, theologischer Widerspruch als politischer Verrat bestraft. Statt um theologische Klarheit sich zu bemühen, maßregelten die fürstlichen Konsitorien Pfarrer mit mißliebigen, mißverständlichen und irrigen Meinungen.

1910 schuf Preußen das »Kirchengesetz betr. das Verfahren bei Beanstandungen der Lehre von Geistlichen«. In einem besonderen Feststellungsverfahren vor einem Spruchkollegium wird über die Lehre verhandelt, jedoch war keine Entscheidung vorgesehen und so wurde das Gesetz tatsächlich nur zweimal angewandt.

Nach 1918 haben sich viele Landeskirchen in Deutschland Gesetze gegeben, durch die sie ein Lehrzuchtverfahren regelten. Denn durch die Trennung von Kirche und Staat durch die Weimarer Verfassung konnte nun nicht mehr auf die Disziplinarmöglichkeiten des Staates zurückgegriffen werden. Sie haben alle der wirklichen Belastungsprobe nicht standgehalten. Es hat kein einziges Lehrzuchtverfahren gegen Anhänger des nationalsozialistischen deutschen Christentums (DC) gegeben. Vielmehr geschah deren Verwerfung als Irrlehre durch die Formulierung von eigenen Bekenntnissätzen auf der Bekenntnissynode von Barmen 1934.

Als erste Landeskirche gab sich Württemberg nach dem Krieg 1951 eine Lehrzuchtordnung, veranlaßt durch den Fall Baumann, der durch Anerkennung des biblischen Petrusamtes eine Union mit der römisch-katholischen Kirche ermöglichen wollte. Die Lutherischen Kirchen Deutschlands folgten 1956.

1979 gab sich die Hessen-Nassauische Landeskirche das Gesetz über das Kollegium für theologische Lehrgespräche. Es erfüllte damit einen Auftrag aus Artikel 60 der Kirchenordnung. Es hält fest, daß die Suche nach theologischer Wahrheit dialogisch sein muß. Es soll weniger der Ausgrenzung als auch dem Schutz von Meinungen und Überzeugungen dienen. Kann das Gespräch zu keiner Klärung gebracht werden, dann schlägt das Kollegium der Kirchenleitung weiteres Vorgehen vor, die dann mit dem Leitenden Geistlichen Amt – als dem kollektiven Bischofsamt unserer Kirche – entscheidet. *vis*

Leiden Warum gibt es Leiden in der Welt? Dies ist eine der entscheidensten Fragen der Philosophie und Religion, mit ihrer Antwort wird die Sinnhaftigkeit von Leben entschieden.

So ist für Buddha das Vorhandensein von Leiden in der Welt der Grund, aus dem ewigen Kreislauf dieses Lebens auszuscheiden. Leiden erweist das Leben als sinnlos. Einen anderen Weg gehen die Religionen, die im Leiden eine Strafe für Unrecht sehen, denn als Strafe ist Leiden (und Leben im Leiden) nicht sinnlos. Wenn die Strafe im Verhalten des Leidenden begründet liegt, dann wird sie auch vom Leidenden als sinnvoll erfahren. Doch häufig ist dieser Zusammenhang nicht sogleich erkennbar. Leiden ist Strafe für unerkannte Sünde, Selbsterforschung setzt ein. Findet der Leidende keinen Grund in seinem Leben, dann könnte der Grund in den Taten der Vorfahren gesehen werden. Die Generationen einer Sippe erscheinen wie eine körperhafte Einheit, ein zusammenhängendes Leben. Oder der Grund wird in dem Vorhandensein von Sünde und der Gemeinschaft, im Volk gesehen. Die Person wird nicht in die Vergangenheit der Sippe »senkrecht«, sondern in die Gemeinschaft der Familie und des Volkes »waagerecht« ausgedehnt. Das Phänomen des Leidens Unschuldiger stellt die Frage nach der Gerechtigkeit Gottes. Eine Möglichkeit war, an die Prüfung des Unschuldigen und an seine Bewährung zu denken, doch dies setzte voraus, daß die Leidenszeit endete und der Unschuldige die Rechtfertigung, ja wie Hiob eine Wiedergutmachung für die Leiden erfuhr. Einen weiteren Weg, mit dem Leiden umzugehen, wird im Gottesknecht des zweiten Jesaja (Kapitel 40–55) offenbart: Ein Unschuldiger leidet stellvertretend, er nimmt freiwillig ungerechte Strafe auf sich, damit den wirklich Schuldigen Strafe erspart bleibt, Buße möglich wird. Dieser unschuldig Leidende opfert sich Gott, auf daß so die Gerechtigkeit Gottes hergestellt werde. So wird das freiwillig angenommene Leiden zum Zeichen des Gehorsams und des Lobes Gottes, so preisen die Märtyrer mit ihrem Tod Gott.

In der Passion Jesu sind die Elemente des Gottesknechtes mit dem stellvertretenden Leiden als auch dem Gehorsam gegen Gott vereint, doch sein eigenes Gewicht erhält die Passion Jesu dadurch, daß hier nicht ein unschuldiger Mensch leidet, sondern der Sohn Gottes. Es ist ein Akt der Solidarität Gottes mit allen Leidenden dieser Erde. Nun kann man nicht mehr sagen, daß ein Leiden oder Unrecht erfahrender Mensch von Gott verlassen, ohne Gott sei, denn Gottes Sohn hat selbst die Gottverlassenheit am Fluchholz ausgehalten. Überall wo Menschen Unrecht und Gewalt leiden, leidet Gott in Jesus Christus mit ihnen. *vis*

Lima-Papier Der Titel des sogenannten Lima-Papiers ist mächtig: »Konvergenzerklärung der Kommission für Glauben und Kirchenverfassung des Ökumenischen Rates der Kirchen bei Taufe, Eucharistie und Amt«.

In Lima, der Hauptstadt Perus, kam 1982 eine Entwicklung zu einem Erfolg, der 1927 mit der »1. Weltkonferenz für Glauben und Kirchenverfassung« in Lausanne (Schweiz) begann, 1937 in Edinburgh (Schottland), 1952 in Lund (Schweden) fortgesetzt wurde. (1948 wurde die Bewegung für Glauben und Kirchenverfassung eine Abteilung des Ökumenischen Rates.) Es gelang in drei wichtigen Fragen der christlichen Kirche eine Erarbeitung der gemeinsa-

men Positionen (Konvergenz-Übereinstimmung), aber auch der noch strittigen Punkte bei Taufe, Abendmahl und Amt. Dabei ist wichtig, daß in Lima auch Nichtmitgliedskirchen des Ökumenischen Rates – insbesondere die römisch-katholische Kirche – mitgearbeitet haben. Dabei ist versucht worden, das Trennende als Anfrage an die eigene Position zu verstehen. Deutlich werden die getrennten Konfessionen aufeinander hingewiesen. In Lima waren auch nicht die Theologen der alten Welt mit ihrer langen Tradition der Kontroverstheologie führend, sondern die Theologen der jungen Kirchen, die noch viel stärker als die Kirchen Europas die Konfessionstrennungen als Hindernis in Erfüllung des Auftrages der Mission und des Kampfes gegen Armut und Ungerechtigkeit erfahren. Während die alten Kirchen sich die Vielfalt nur in der Einheit vorstellen können, denken sie die Einheit in der Vielfalt.
Das Lima-Papier ist den Kirchen und ihren Gemeinden zur Diskussion gegeben worden: Es kann zu einem wichtigen Wegstück der gegenseitigen Anerkennung der christlichen Kirchen werden. *vis*

Lutheraner Die vielfältigen evangelischen Kirchen und Glaubensgemeinschaften unserer Zeit lassen sich nicht allein auf Luther zurückführen, so sicher er den wichtigsten Impuls zur Reformation der Kirche gegeben hat. Aber schon zu Lebzeiten Luthers beteiligten sich viele Persönlichkeiten mit unterschiedlichen Zielen oder Akzenten an der reformatorischen Erneuerung. Zwingli und Calvin zum Beispiel vertraten in wesentlichen Lehrfragen (wie Abendmahl oder Rechtfertigung) teilweise andere Auffassungen als Luther. Auf sie gehen die reformierten Kirchen zurück. Viele heute weniger bekannte Reformatoren trugen eigenständig zum Entstehen und der Fortentwicklung evangelischer Kirchen und Gemeinden in ihrer vielfältigen Gestalt bei. Großen Anteil an der Bildung lutherischer Kirchen hat Philipp Melanchthon, Freund und enger Mitarbeiter Luthers.
Vor anderen reformatorischen Kirchen grenzt sich das Luthertum durch seine Bekenntnisschriften ab, vor allem der Kleine und der Große Katechismus Luthers und die von Melanchthon verfaßte

»Confessio Augustana«, die 1530 dem Kaiser in Augsburg übergeben wurde. Dieses »Augsburger Bekenntnis« behandelt Glauben und Lehre der lutherischen und die Mißbräuche der römisch-katholischen Kirche.
Die Katechismen sind dann zu einer Art »Laienbibel« geworden. Dazu kamen die altkirchlichen Bekenntnisse, worin sich die Übereinstimmung und die Verbindung mit der einen heiligen christlichen Kirche ausdrückt.
Heute lassen sich vier Typen lutherischer Kirchen unterscheiden:
1. Die aus dem 16. Jahrhundert stammenden Territorialkirchen in Nord- und Mitteleuropa. Bei ihrem Entstehen wirkten Christen- und Bürgergemeinden zusammen. Naturgemäß entstand daraus oft – unter Berufung auf Luthers Lehre von der weltlichen Obrigkeit – eine problematische Interessengleichheit von Staat und Kirche, von Thron und Altar.
2. Lutherische Glaubensbewegungen ohne Mithilfe, ja gegen den Widerstand der Obrigkeiten, führten in Teilen Europas zur Bildung von lutherischen Minderheitskirchen.
3. In Amerika und Australien entstanden lutherische Einwandererkirchen.
4. Lutherische Missionskirchen wurden in Asien und Afrika bedeutsam.
Trotz mancher Unterschiede besteht im Luthertum eine breite Übereinstimmung in der Bindung an die traditionellen Bekenntnisse. 1947 haben sich die lutherischen Kirchen zum »Lutherischen Weltbund« zusammengeschlossen. In Deutschland gründeten die Lutheraner 1948 die »Vereinigte Evangelisch-Lutherische Kirche Deutschlands«. *gw*

Magnificat Es gehört zu den Psalmen, die Lukas in seinem Sondergut zu Beginn seines Evangeliums bringt, (Lukas 1,47–54), andere sind der Lobpreis der Zacharias (Lukas 1,68–79 Benedictus) und der des Simeon (Lukas 2,39–32 Nunc dimittis). Zitiert wird mit dem Eingangswort der lateinischen Fassung dem allgemeinen

Brauch folgend: »Magnificat anima mea Dominum« – »Meine Seele erhebet den Herrn«. Das Gebet ist schon früh in das Stundengebet der Kirche aufgenommen und wurde in der Vesper (Abendgebet) nach dem Leitvers »Christum unsern Heiland, ewigen Gott, Marien Sohn, preisen wir in Ewigkeit. Amen« gesungen. Seine Bekanntheit führte zu einer Fülle von musikalischen Bearbeitungen in der Zeit bis Bach und dann wieder im 20. Jahrhundert. Eine Liedbearbeitung steht in unserem Gesangbuch Nr. 200 von H. Bonnus aus der Reformationszeit.

Doch die Annahme dieses Textes erklärt sich nicht allein aus der günstigen Plazierung (das »Benedictus« steht im Morgengebet »Laudes«, das »Nunc dimittis« im »Komplet«, dem Nachtgebet), sondern hat inhaltliche Gründe: Lukas faßt im Magnificat die messianische Sehnsucht zusammen und singt das Eingangslied zum Evangelium.

In Zeiten, die vom Gefühl der Ungerechtigkeit und der Unbeständigkeit erfüllt waren, fühlten sich die Gläubigen besonders angesprochen, verheißt es doch Sättigung den Hungrigen, sozialen Wandel. Die wichtigste Auslegung des Magnificat schrieb 1520/21 Martin Luther, »verdeutscht und ausgelegt«, begonnen vor der Wormsreise, vollendet auf der Wartburg, eingefaßt in eine Widmung an Johann Friedrich von Sachsen. Maria erscheint darin als Vorbild des Glaubens – doch »Unser Ding steht allein auf Gnaden und Zusagen Gottes, wer weiß, wie und wann, wenn wir christlich leben und mit Güte zu Christus brächten (die Juden nämlich) wäre wohl die rechte Art. Wer wollte Christ werden, wenn er sieht, Christen unchristlich mit Menschen umgehen!« sagt Luther gegen Ende. *vis*

Meditation »Geh doch in dich!« rät ein guter Freund dem unruhigen Lebenssucher und der entgegnet: »War ich schon, da ist nichts los.« Der Sprachwitz verrät, in sich zu gehen, lohnt sich nur, wenn es dort etwas zu finden gibt – es muß ja nicht gleich Heil und Erlösung sein. Das lateinische Wort »meditatio« hat eine doppelte Bedeutung. Es meint das Nachdenken, das Besinnen, und es meint auf der anderen Seite Vorübung, Vorbereitung. So ist die Predigtmedi-

tation der gedankliche Schritt nach der wissenschaftlichen Exegese des Bibeltextes hin zu Vorbereitung der Predigt.
Heute sieht man in der Regel »Meditation« nicht als ein intellektuelles Nachsinnen, als einen Arbeitsvorgang des Verstandes an. Wer heute Meditation sagt, hört das andere Wort »Medium« – Mitte mitklingen. Meditation ist die Suche nach der Mitte. Zuerst nach der eigenen Mitte, und die ist nicht im Kopf, die umfaßt auch das Herz mit seinen Gefühlen, auch den Bauch und das Geschlecht. Mit Recht spricht man vom westlichen Menschen als einem »Verkopften«, sein Schwerpunkt muß abgesenkt werden. So haftet der neuen Suche nach Meditation bei uns ein notwendiger antirationaler Zug an.
Dann ist Meditation auch die Suche nach der Mitte, dem Wesen einer meditierten Sache: etwa eines Bibelwortes, eines Gegenstandes, einer Landschaft. Die westliche Meditation ist stärker an den Objekten interessiert, während in der östlichen diese nur Hilfe für das Subjekt des Meditierenden sind und ihn in die innere Befreiung führen sollen. Wie weit deshalb östliche Meditationswege gewissermaßen zweckfrei auch für westliche und besonders ausgeprägt für christliche Meditation genutzt werden können, ist umstritten und muß persönlich und in jedem Einzelfall entschieden werden.
Meditation kann man nur durch »Übung« lernen. Dabei ist auf der Führung des erfahrenen Lehrers nicht zu verzichten, begegnet der Meditierende doch auch Schatten und Finsternissen der eigenen Existenz und setzt sich damit geistlichen Gefahren aus. Gemeinden und kirchliche Fortbildungseinrichtungen bieten verantwortete Einführungen in die Technik der Meditation an, ohne daß sie Abhängigkeiten aufbauen, wie es oft private Anbieter im Esoterikbereich tun. Die christliche »Retrait«-Bewegung bietet Räume und Zeiten an, um sich und zu Gott zu finden, damit die Enttäuschung der Entdeckung innerer Leere dem Lebenssucher erspart bleibt. *vis*

Messias Er ist der Gesalbte der hebräischen Bibel. Gesalbt wurden Könige wie Saul und David, aber offenbar auch Propheten wie Elias. Als die Königreiche von Israel (Nordreich) und Juda (Südreich) ein

Ende gefunden hatten, richtete sich die Hoffnung auf einen kommenden König aus dem Hause Davids, in dem sich die Weissagung Nathans (2. Samuel 7,13) verwirklichen würde. Die Hoffnung, die sich auf Serubabel gerichtet hatte, trog. Der Messias werde nicht nur die Eigenstaatlichkeit wieder herstellen, er werde auch die Besatzungsmächte: Perser, Ptolemäer Ägyptens, Seleukiden Syriens, die Römer vertreiben. Die Kriege werden zu Ende sein. Der Messias wird zum universellen Friedenskönig, er selbst wird keine Macht brauchen, arm reitet er auf einem Esel. Dies ist möglich, weil Gott selbst Weisung ausgehen läßt und die Völker in einer großen Wallfahrt zum Zion pilgern.
Die jüdische Klostergemeinschaft von Qumran erwartete zwei Messiasse, einen königlichen – aus dem Hause Davids – und einen prophetischen – aus dem Hause Aarons, der den ersten Rang beanspruchen kann.
Christos ist die wörtliche Übersetzung des hebräischen Messias ins Griechische. Chrisma ist das Salböl. Die Christenheit sieht in dem gekreuzigten und auferstandenen Mann aus Nazareth den Christus und deutet mit den messianischen Weissagungen der hebräischen Bibel ihre Erfahrung mit Jesus.
Die Juden erwarten weiterhin den Messias. Mehrfach traten Männer mit dem Anspruch auf, der Messias zu sein. Bar Kochba, der Sternensohn, von dem berühmten Rabbi Akiba als Messias anerkannt, führte sein Volk in den Krieg gegen Rom (132–135) und in die Katastrophe. Die Bewegung des Sabbati Zwi in der zweiten Hälfte des 17. Jahrhunderts, er selbst trat freiwillig oder gezwungen zum Islam über, diskreditierte den Messianismus für die Juden endgültig. Die messianischen Hoffnungen wurden entpersonalisiert. Schalom Ben Chorin bemerkt deshalb, daß das Judentum den Reichsgedanken vor die Person des Messias stellt, während im Christentum die Person des Messias den Reichsgedanken in den Schatten stellt.
Doch wenn auch der christliche Glaube in Jesus Christus den gekommenen Messias sieht, so bekennt sie ihn auch als den kommenden Herrn, der wiederkommen in Herrlichkeit und Gericht über die Lebenden und die Toten halten und sein ewiges Friedensreich heraufführen wird.

vis

Mission Wenn jemand von der Richtigkeit einer Meinung und Lebensweise überzeugt ist und sie nicht nur für sich selbst gut, sondern auch für andere Menschen als heilsam ansieht, dann wird er andere überzeugen wollen: die »Mission« entsteht. Die Christen fühlen sich zudem mit der Ausbreitung ihres Weges und ihrer Lehre durch den auferstandenen Christus beauftragt (Matthäus 28,18–20), er hat ja seine Jünger schon zu seinen Lebzeiten als Apostel ausgesandt, sein Werk zu tun, nämlich das Evangelium zu predigen und die Dämonen auszutreiben. Religionen, die eine Eingrenzung auf eine Volkszugehörigkeit kennen, haben keine Mission entfaltet, oder sie – wie das Judentum – bald eingestellt. Missionsaktiv sind besonders das Christentum, der Islam und der Atheismus.

Es sind drei Formen der Mission zu unterscheiden:

Die in der Geschichte am häufigsten anzutreffende Form ist die kolonialistische Methode. Der Missionar überträgt nicht nur eine geistliche Lehre, sondern seine ganze Lebensweise. Die Missionierten geben nicht nur die Überzeugungen, sondern ihr eigenes Wesen, häufig auch ihre Freiheit auf. Diese Form der Mission hat nicht auf Gewalt verzichtet und oft die Missionsopfer vor die Alternative »Übertritt oder Tod« gestellt. Dies war die Mission mit dem Schwert, wie sie Karl der Große gegen die Sachsen vollstreckte, ähnlich verfuhren die Spanier in Lateinamerika. Das Schwert kann durch technische Überlegenheit und wirtschaftliche Macht ersetzt werden, wie es in der Mission des 19. und 20. Jahrhunderts geschah. Diese Missionsform hat die Idee der Mission in Mißkredit gebracht.

Weitaus seltener ist die mönchische Mission. Die iroschottischen Mönche z. B. siedelten mit ihrem Kloster in einer Wildnis, machten diese urbar, zeigten sich der Umwelt überlegen, deren Bewohner daraufhin freiwillig – eigentlich ohne Aktion der Mönche – auch deren Glauben und Ritus übernahmen. Daß bei solcher Übernahme oft magische Mißverständnisse eine Rolle spielten, ist nicht von der Hand zu weisen.

Die seltene dritte Form ist die dialogische Mission, wie sie in der Apostelgeschichte in der Bekehrung des Cornelius abgebildet ist. Menschen unterschiedlicher Lehre und Lebens treten in ein echtes

Gespräch ein, sie lernen beide voneinander und verändern sich beide.
Eine lernende Kirche, die mit den Menschen auf der Suche nach Gottes Wahrheit ist, muß ihre Mission nach diesem dritten Modell ausrichten. So geschieht es heute weithin in der Christenheit. *vis*

Mystik Durch das Leben geht ein Riß: Schöpfung ist getrennt vom Schöpfer. Gott und Mensch sind nicht mehr beieinander. Der Mensch sehnt sich nach seinem Ursprung und ahnt zugleich, daß sein Ursprung nichts anderes als sein Ziel ist.
Um diese grundlegende Trennung zu überwinden, gibt es zwei Wege. Gott überwindet sie von sich aus in seiner väterlichen Liebe, im Akt der Offenbarung wendet er sich dem Menschen zu und gibt den Menschen Anteil an seiner heiligen Göttlichkeit. Der andere Weg geht vom Menschen aus: Er sucht die Vereinigung mit Gott und schreitet dabei von Stufe zu Stufe auf einer Entwicklung fort. Oft ist solche Entwicklung eine geleitete Erziehung, da ein Eingeweihter oder eine Eingeweihte als Mystagoge oder Mystagogin den Weg begleitet, den nötigen Schutz und die Einführung gewährt, bis der Schüler, die Schülerin selbst das Geheimnis, das Mysterium, erfährt. In ihm ereignet sich die mystische Vereinigung mit Gott.
In den großen Religionen sind Spuren beider Wege zu finden. Die Thora ist für den Juden die offenbarte Lebensordnung, die heilige Schrift Zeugnis der Offenbarung Gottes, doch bildete sich eine kräftige jüdische Mystik aus, die in der Kabbala und im Chassidismus ihre höchste Ausprägung fand. Die Offenbarungsreligion des Christentums ist ohne die großen Mystiker nicht zu denken. Da sind so unterschiedliche Gestalten wie der Heilige Augustin, Hildegard von Bingen, Meister Eckart, Jakob Böhme, Theresa von Avila, Ignatius von Loyola und viele andere zu nennen. Der Koran ist die Offenbarung des Islam, der Derwischorden und der Sufismus sind die mystischen Ausrichtungen dieser dritten monotheistischen Religion.
Da die Mystiker nicht nur aus der eigenen Gotteserfahrung schöpfen, sondern auch nach der Mitte der Offenbarung, dem geheimen Sinn der heiligen Schriften forschen, ergänzen sich Offenbarung

und Mystik. Die Gefahr der Mystik besteht darin, daß der Mystiker seine besondere Erfahrung zur Norm für andere macht, statt sie im Gespräch der Erfahrungen für die Gemeinde nutzbar zu machen. Andererseits steht die Kirche in der Gefahr, die Mystik aus Angst vor der Verunsicherung und Bewegung, die sie in das kirchliche Leben und Denken bringen könnte, durch den Vorwurf der Irrlehre zu verbannen und abzutöten und damit selbst zu erstarren. *vis*

Narrative Theologie Wohl das älteste Stück israelitischer Religion und der hebräischen Bibel ist das Mirijams Lied: »Laßt uns dem Herrn singen, denn er hat eine herrliche Tat getan, Roß und Mann hat er ins Meer gestürzt.« (2. Mose 15,21). Die Geschichte Gottes mit dem Volk wird besungen, erzählend bewahrt. Dies macht das Denken der hebräischen Bibel aus, es erzählt, wie Gott sein Volk wählt, führt, schützt, richtet. Es erzählt diese Geschichten immer wieder neu, so erklären sich auch die Wiederholungen innerhalb der Geschichtserzählungen. Es erinnert sich feiernd der Wunder Gottes. Jede Erzählung deutet die Vergangenheit für die Gegenwart und Zukunft neu, deshalb wird die Geschichtserzählung Israels als »frühe Propheten« benannt.

Jesus hat das Reich Gottes dadurch verkündigt, daß er Geschichten erzählte, die das Reich Gottes aufblitzen ließen: wie aus wenig Saat trotz vielfältigem Verlust viel Frucht wird, wie alle, ob sie von Anfang an dabei waren, oder erst im letzten Augenblick berufen wurden, gleich begnadet wurden, wie Fremde sich überraschend als Nächste erweisen. Aus der erzählerischen Logik heraus überzeugten Jesu Gleichniserzählungen seine Zuhörer.

Das Urchristentum erzählte immer wieder die Geschichte Jesu, indem sie von seiner Passion und der Auferstehung erzählten, entstanden die Evangelien, erzählende Deutung der Geschichte für die Gegenwart und Zukunft der Zuhörer. Neben die Evangelien trat die Erzählung der Taten und der Leiden der Apostel, die erzählten, daß Gottes Handeln an der Menschheit mit der Himmelfahrt Jesu Christi nicht zu Ende war. Solche Erzählung ist grundsätzlich offen für

die Fortsetzung, wie sie dann in der Kirchengeschichte und in den Heiligenlegenden aufgenommen wurde.
Christen legen von ihren Erfahrungen mit Gott Zeugnis ab, eine Praxis, die in Freikirchen und evangelikalen Gemeinschaften gepflegt wird und in die Laienpredigt führt. In der deutschsprachigen Theologie hat zuerst Balthasar Metz, katholischer Professor, die Forderung erhoben, Verkündigung habe zuerst wieder narrative Theologie zu sein. Auf evangelischer Seite hat besonders Professor Walter Hollenweger durch seine narrativen Bibelarbeiten auf den Deutschen Evangelischen Kirchentagen für die Popularität dieser Auslegungsform beigetragen. *vis*

Ökumene »Oikos« ist griechisch »das Haus«, im Neuen Testament ist die Ökumene die bewohnte Erde, also alle Menschen. Nun war die damals bekannte Welt nahezu identisch mit dem römischen Weltreich, so daß der römische Kaiser, wenn er die Einwohner seines Reiches zählen ließ, die ganze Menschheit schätzen ließ. In die Fußstapfen dieses Reiches trat unter den Nachfolgern des Kaiser Konstantin die christliche Kirche. Ihre ökumenischen Konzile (die orthodoxe Kirche zählt 7) waren von der ganzen Christenheit beschickt und ihre Beschlüsse für alle verbindlich. Somit wird der Begriff der Ökumene der Sammelbegriff der einen christlichen Kirche, zu der sich alle christlichen Konfessionen bekennen.
Es war der schwedische Bischof Nathan Söderblom (1866–1931), der in den zwanziger Jahren dieses Jahrhunderts die Bildung eines ökumenischen Rates der Kirchen vorschlug, wie es dann auch 1929 geschah. Der ökumenischen Bewegung (von den protestantischen Kirchen initiiert, dazu kamen die jungen Kirchen aus den ehemaligen Missionsländern) schlossen sich nach dem Zweiten Weltkrieg auch die unterschiedlichen orthodoxen Kirchen an, so daß nur noch die römisch-katholische Kirche fernsteht. Zwar arbeitet sie in einzelnen Arbeitsgemeinschaften und an einzelnen Texten voll mit, hat aber sonst nur den Status eines Beobachters, doch kommt für sie von ihrem Selbstverständnis (»katholisch« heißt »allgemein«) zur Zeit kein Beitritt in Frage, wie es andererseits auch umgekehrt

für die ökumenische Bewegung keine Rückkehr in die Einheit gibt.
Die Einheit in der Vielfalt wird durch das gemeinsame Bekenntnis zu Jesus Christus als dem Heiland der Welt bewahrt. Mit der Neuformung des Gedankens der Ökumene im zwanzigsten Jahrhundert ist verbunden der Auftrag zur Mission, damit der Auftrag des Tauf- und Missionsbefehls »Gehet hin und machet zu Jüngern alle Welt…« erfüllt werde.
Bei uns bezeichnet man häufig schon jedes Gespräch über die Konfessionsgrenzen hinweg – und sei es unter Vergessen der Freikirchen und ausländischen Gemeinden nur zwischen den beiden großen Kirchen – als Ökumene, das ist ein sehr eingeschränkter Sprachgebrauch. *vis*

Ökumenischer Rat *Entstehung und Zusammensetzung:* Die genaue Bezeichnung ist »Ökumenischer Rat der Kirchen« (ÖRK) oder, im internationalen Sprachgebrauch »World Council of Churches« (WCC). Sein zentraler Sitz befindet sich in Genf. Der ÖRK wurde 1948 in Amsterdam gegründet und verband damals 147 Kirchen. Heute gehören ihm über 300 Kirchen an, mit etwa 450 Millionen Christen aus aller Welt. Auch die orthodoxen Kirchen sind Mitglied des ÖRK, die römisch-katholische Kirche gehört ihm nicht an, steht aber in Zusammenarbeit und ständiger Verbindung.

Voraussetzung zur Mitgliedschaft: Zustimmung durch die anderen Kirchen und Bejahung der Verfassung des ÖRK. Ihre theologische Basis beschreibt ihn als »Gemeinschaft von Kirchen, die den Herrn Jesus Christus gemäß der Heiligen Schrift als Gott und Heiland bekennen« und ihre Arbeit tun »zur Ehre Gottes des Vaters, des Sohnes und des Heiligen Geistes.«

Ziele des ÖRK: Förderung der Einheit der Weltchristenheit im Glauben, gemeinsames Zeugnis der Kirchen durch Verkündigung und Dienst an den Menschen in Not, Abbau trennender Schranken in der Menschen- und Völkergemeinschaft, Erneuerung der Kirche in Einheit, Gottesdienst, Mission und Dienst.

Arbeit und Organisation: Diesen Zielen entsprechend bestehen zur Zeit beim ÖRK drei Arbeitsgebiete, die sogenannten Programmeinheiten.

Programmeinheit I: Glauben und Erneuerung mit den Kommissionen für Glauben und Kirchenverfassung, Weltmission und Evangelisation, Kirche und Gesellschaft, Dialog mit den Menschen anderer Religionen und Ideologien.

Programmeinheit II: Gerechtigkeit und Dienst
Zwischenkirchliche Hilfe, Flüchtlinge, kirchlicher Entwicklungsdienst, Internationale Angelegenheiten, Bekämpfung des Rassismus, Gesundheit.

Programmeinheit III: Bildung und Erneuerung
Erneuerung und Gemeindeleben, Frau in Kirche und Gesellschaft, Jugend, Bildung.

In den Vollversammlungen des ÖRK legen die Delegierten aus allen Mitgliedskirchen die Programmrichtlinien fest, die von einem Zentralausschuß weiterverfolgt werden. Der Zentralausschuß wählt den Generalsekretär und seine drei Stellvertreter, die die Arbeit der Programmeinheiten koordinieren und leiten. *hg*

Opfer Menschen aller Zeiten und fast aller Religionen haben versucht, das beschädigte und zerstörte Verhältnis zwischen sich und der Gottheit wiederherzustellen. Ein Mittel dazu war das Opfer. Zum Opfer eignet sich dabei nur das Beste, was der Mensch hat, denn eigentlich ist er ja selbst schuldig. Das Opfer tritt also an die Stelle des sündigen Menschen.
So haben besonders die Kulturen der Jäger und Sammler das Menschenopfer geübt: besonders Kinder, Frauen und Kriegsgefangene waren davon betroffen. Doch wurde der Opfergang sicher eher als

Auszeichnung denn als Last empfunden, war es doch der höchste Dienst, der der Gemeinschaft getan werden konnte. In der Kulturstufe der Hirten und Bauern löst das Tier- und Körneropfer das Menschenopfer zunehmend ab. Eine biblische Geschichte aus der Zeit des Übergangs vom Menschenopfer zum Tieropfer ist die Geschichte von Isaaks Opferung. Ganz im Sinne dieses Opferbegriffs spricht man heute vom Geldopfer, welches an die Stelle des Tieropfers getreten ist.

Schon die Propheten kritisierten die Opferpraxis am Tempel von Jerusalem. Nicht Opfer wolle Gott, sondern einen neuen Wandel nach den Geboten, ein Leben in der Gerechtigkeit. Trotz enormer Anstrengungen in den Kreisen der Pharisäer war es aber nicht möglich, wirklich die Gerechtigkeit zu verwirklichen. Der einzige, der die Gerechtigkeit verwirklichen kann für den Menschen, ist der Gott, der dem Menschen die Gerechtigkeit schenkt.

Gott schenkt aber dem Menschen die Gerechtigkeit durch das Kreuz von Golgatha, da er selbst alle menschliche Ungerechtigkeit annimmt. Deshalb hat die Theologie besonders im Mittelalter von Jesu Opfer am Kreuz gesprochen: denn im Kreuz geschieht die Versöhnung Gottes. Gott selbst leistet das Opfer für die übergroße Schuld der Menschheit. Weil in der Wandlung der Messe nach römisch-katholischem Verständnis sich dies versöhnende Opfer wiederholt, spricht die katholische Theologie in diesem Zusammenhang vom Messeopfer.

Wir betonen in der evangelischen Theologie stärker, daß mit dem Opfertod Christi am Kreuz alle Opfer dieser Welt an ein Ende gekommen sind. *vis*

Ordination Mit ihr wird der Pfarrer auf sein Amt verpflichtet. Der Begriff »Ordination« kommt aus dem Lateinischen und bedeutet »ordnen«, »anordnen«, »regulieren«. Die Wurzeln der Ordination reichen ins Neue Testament zurück. So beauftragten die Apostel bereits mit einer Handauflegung geeignete Männer mit besonderen Diensten in der Gemeinde.

Die katholische Kirche befolgt an dieser Stelle die Theorie der

»Apostolischen Succession«, das heißt, daß eine ununterbrochene Kette bestehe von Christus zu den Aposteln und den immer wieder geweihten Bischöfen. Weil in der Reformation aber kein katholischer Bischof evangelisch wurde, ist nach der katholischen Auffassung die Ordination evangelischer Pfarrer nicht gleichzusetzen mit der Priesterweihe. Hinzu kommt, daß dem Priester durch die Weihe unverlierbare geistliche Qualität verliehen wird, die ihn in den Stand der Kleriker – im Gegensatz zu Laien – versetzt. Der evangelische Pfarrer hingegen kann die mit der Ordination verbundenen Rechte verlieren. Katholisches und evangelisches Verständnis von Ordination unterscheiden sich so grundsätzlich, daß das ökumenische Bemühen um gegenseitige Anerkennung und gemeinsame Feier von Sakramenten wie dem Abendmahl (Interkommunion) daran scheitert. Martin Luther hat das allgemeine Priestertum aller Gläubigen durch die Taufe hervorgehoben. Doch er und andere Reformatoren waren auch der Ansicht, die öffentliche Wortverkündigung und die Verwaltung der Sakramente bedürften einer besonderen Ordnung. In der Evangelischen Kirche in Hessen und Nassau ist es so geregelt, daß die Pröpste denjenigen, der die theologischen Examen bestanden hat und den Beruf des Pfarrers ausüben wird, in einem Gottesdienst ordinieren. Inhalt und Ablauf der Ordination sind in der Kirchenordnung festgehalten. Wesentliche Bestandteile sind der Ordinationsvorhalt, das Ordinationsgelübde, die Handauflegung sowie Schriftlesungen und Gebet. Der Ordinationsvorhalt nennt die wichtigsten Aufgaben des Pfarrers: Gottesdienst und Predigt, Verwaltung der Sakramente (Taufe und Abendmahl), Unterricht und Seelsorge. Betont wird, daß der Dienst dem Aufbau der Gemeinde gilt und sie zum Dienst in der Welt ermutigen soll. Durch sein Ordinationsgelübde verpflichtet sich der Pfarrer, den Dienst der öffentlichen Verkündigung gemäß der Heiligen Schrift und den geltenden Ordnungen seiner Kirche zu tun. *gw*

Orthodoxie Orthos ist griechisch und heißt aufrecht, richtig, recht. Die Doxa ist Ansicht, Lehre, Plan und Ruhm. Die Orthodoxie ist also die richtige Lehre. Eine orthodoxe Kirche nennt sich

selbst so im Gegensatz zu anderen in ihren Augen häretischen, nicht rechtgläubigen Kirchen.
Hervorgegangen sind die orthodoxen Kirchen aus der byzantinischen Reichskirche, die sich im sechsten Jahrhundert herausbildete. Eine ganze Familie von unabhängigen Nationalkirchen sind auf dem Gebiet des ehemaligen Oströmischen Reiches entstanden. Das Schisma (griechisch: Spaltung) von 1054 trennte die byzantinische Reichskirche von der abendländischen Kirche. Der feierliche Bannfluch von damals ist erst in diesem Jahrhundert zurückgenommen worden. Die orthodoxen Kirchen sind anders als die römisch-katholische Kirche Mitglieder im ökumenischen Weltrat der Kirchen.
Wer zum ersten Male eine orthodoxe Kirche betritt, dem fällt sofort die Bilderwand (Ikonostase) auf, die die Sakristeien und den Altar den Blicken der Gläubigen entziehen. In einer feststehenden Ordnung sind die Ikonen geordnet. Diese Bilder sind wirkliche Repräsentanten der Heiligen, die durch diese Bilder als Anwesende an der Liturgie teilnehmen. Wie besonders würdige Personen werden sie verehrt, geküßt und wird vor ihnen gebetet. Das ist nicht immer so gewesen, sondern wurde durch einen harten Bilderstreit, der bald 150 Jahre dauerte, im 9. Jahrhundert entschieden.
Die Liturgie ist ein Kultdrama, das den Gläubigen ermöglicht, am Heilsgeschehen teilzunehmen. Orgeln sind weithin unbekannt, allein die menschliche Stimme, als Schöpfung Gottes, darf den Schöpfer und Erlöser preisen. Polyphone – hochkomplizierte Chorstücke – wechseln sich mit dem Gesang der Diakone und Priester ab. Dagegen ist es nicht zur Ausbildung des Gemeindegesangs gekommen, der mit dem Liedgut der abendländischen Kirche vergleichbar ist. Kerzen, Weihrauch und eine ausgefeilte Symbolsprache der Gesten sind für das liturgische Kultdrama nötig.
Horte der orthodoxen Frömmigkeit sind die Klöster, die Mönche sind die eigentlichen Träger des geistlichen Lebens. Während der Gemeindepope nicht nur verheiratet sein sollte, sondern verheiratet sein muß, müssen die Bischöfe unverheiratet sein. An der Spitze einer Nationalkirche steht jeweils ein Patriarch. Dabei ist die Beachtung der Rangordnung wichtig. Primus inter pares (Der Erste unter Gleichen) ist der Patriarch von Konstantinopel.

Die Kinder werden durch Untertauchen getauft, gesalbt und erhalten sogleich die Eucharistie, wobei das Brot in den Wein gegeben und mit einem Löffel gereicht wird.
Die Lehre ist durch die sieben ökumenischen Konzile zwischen 325 und 787 festgeschrieben, spätere Konzile werden, da sie nicht mehr von der ganzen Christenheit geschickt wurden, nicht anerkannt. Spätere Erweiterungen werden als Neuerungen abgelehnt. Von den 780 Millionen Christen weltweit werden 120 Millionen zu den orthodoxen Kirchen gezählt *vis*

Ostern Die Germanen verehrten eine Licht- und Frühlingsgöttin *Austara*. Im Frühling wurden ihr Festtage gewidmet: Tage der Austara: Ostern. Die Besetzung eines heidnischen Festes mit einem christlichen Termin entsprach der Missionspraxis der Kirche. Die Urgemeinde hatte die Auferstehung ihres Herrn nicht jährlich, sondern jede Woche gefeiert. Der Morgengottesdienst nach dem Sabbat erinnerte daran, daß Jesus von den Toten auferweckt worden war und die Frauen in der Frühe das Grab leer fanden. So ist jeder Sonntag ein kleines Osterfest, deshalb zählen die Sonntage als Ostertage nicht zu den Fastentagen in der Passionszeit.
Wann aus dem wöchentlichen Fest ein jährliches Fest wurde, läßt sich nicht mehr eindeutig rekonstruieren. Wenn die Juden Passah feiern, so gedenken sie und erleben es für sich selbst mit, wie ihr Volk aus der Knechtschaft in Ägypten befreit wurde, wie der Würgeengel durch Ägypten ging und Israel verschonte. Das Osterfest ist die Erinnerung an die Befreiung aus der Sünde, die Todesstrafe ist von den Getauften genommen. Auf dem Konzil von Nicäa wurde eine Gruppe von Christen als Judaisten exkommuniziert, die feierten den Abend des 14. Nisan als Passah. Der Nisan ist ein jüdischer Monat, der in die Zeit unseres März bzw. April fallen kann. Sie feierten dieses Datum mit einem Fasten für die Juden, der Lesung der alttestamentlichen Passahgeschichte und einer Eucharistie zum Auferstehungsgedenken am Morgen.
Hier könnte die Urform des christlichen Passahgedenken und des Osterfestes liegen, das dann seine jüdische Herkunft bewußt ver-

drängt hat. So löste man das Datum von der Bindung an einen Kalendertag und feierte es auf dem folgenden Sonntag. Der heutige Ostertermin wird so bestimmt: der erste Sonntag nach dem Vollmond nach Frühlingsanfang.
Ostern geht ein längeres Fasten voraus, dieses wird mit der nächtlichen Eucharistie als Fastenbrechen beendet. Das Osterfest war auch der Tauftermin: Wie Jesus von den Toten auferweckt wurde, so gewinnt der Täufling Anteil an dem neuen Leben unter der Verheißung der Auferstehung. *vis*

Osterlamm In der Osterzeit bietet manche Bäckerei ein Kuchengebäck an, das die Gestalt eines kleinen Lämmchens hat. Im Ostergottesdienst wurde zu früherer Zeit ein aus öligem Wachs modelliertes Lämmchen gesegnet und eine Woche später an das Volk verteilt, damit es in den Häusern als Osterlicht entzündet werde.
Das Osterlamm gehört also in die Welt der Brauchtümer. Und wie bei den meisten Brauchtümern, liegt auch hier ein religiöser Sinn zugrunde. Ursprünglich war es wohl bei Hirtenvölkern üblich, im Frühjahr, vor dem Weidewechsel, ein junges Tier zu opfern, um die Gottheit zu veranlassen, die Herde zu schonen.
Das Christentum hat den Begriff des Osterlamms aus dem Judentum ererbt, den jüdischen Brauch aber nicht übernommen.
Im 2. Buch Mose, Kapitel 12, wird berichtet von der Anordnung des Passahfestes, das im Judentum bis auf den heutigen Tag eine Woche lang gefeiert wird. Nach dieser Anordnung soll jeder Hausvater ein Lamm nehmen, »an dem kein Fehler ist, ein männliches Tier, ein Jahr alt«, und soll es am 14. Tag des ersten Monats (später siebten Monats, der von Mitte März bis Mitte April geht) schlachten. Mit dem Blut des Lammes sollen die Türpfosten und die Türschwelle bestrichen werden. Das Fleisch aber soll am Feuer gebraten und mit ungesäuertem Brot und bitteren Kräutern gegessen werden, und zwar ohne daß etwas übrigbleibt bis zum Morgen. Dieser Brauch solle »ewige Ordnung« sein, zum Gedenken daran, daß Gott Israel in Ägypten geschont hat und errettet, während er die Ägypter schlug. – Seit der Zerstörung des Tempels in Jerusalem (70 n. Chr.)

gehört das Schlachten und Verzehren des Lämmchens nicht mehr zum Brauch des Passahfestes.
Die christliche Gemeinde hat schon früher das Schlachten eines Osterlammes aufgegeben. Das hängt damit zusammen, daß der Tod Jesu, dessen Hinrichtung zeitlich mit dem Schlachten der Passahlämmer zusammenfiel, mit diesem Vorgang verbunden wurde. So schreibt etwa der Apostel Paulus zwischen 53 und 55 n. Chr. im 1. Korintherbrief: »Unser Passahlamm ist schon geopfert, das ist Christus.« Diese Deutung ist in der Liturgie des Ostergottesdienstes aufgenommen worden, in der Gott gepriesen wird, »denn es ist geopfert unser Osterlamm Christus. Es ist das wahrhaftige Gotteslamm«.
cw

Pfingsten Sieben Wochen nach Passah feiern die Juden Schaweoth, das Wochenfest. Der Text für dieses Fest ist das Zehnwort des Sinai. Es ist eines der drei großen Wallfahrtsfeste, neben Passah und Sukkoth (Laubhüttenfest), zu dem man zum Tempel nach Jerusalem reiste. Die durch die Kreuzigung Jesu verängstigten Jünger kehrten zum Fest nach Jerusalem zurück, verborgen in der Menge der Festpilgerer. Da geschah das, was wir das Pfingstfest nennen. 7 Wochen sind 49 Tage; da man nach antiker Zählung den ersten Tag mitzählt, ist nach 7 Wochen der fünfzigste Tag. »Pentecoste« ist das griechische Wort für fünfzig. Aus diesem griechischen Wort ist dann über das Gotische und Mittelhochdeutsche unser Pfingsten geworden. Auch daß man die großen Feste zweitägig feiert, hat man vom Judentum übernommen, nachdem in der Diaspora Juden in aller bekannten Welt siedelten, setzte man fest, daß zwei Festtage sein sollten, da es sonst wegen der Zeitverschiebung kein gemeinsames Fest mehr gäbe.
Pfingsten feiert die Kirche die Ausgießung des Heiligen Geistes. Durch ihn ist wieder Verständigung über alle Sprachgrenzen hinweg möglich. Es ist der Geist Gottes, der sich in Visionen und Träumen, in Prophetie und Zungenrede zu Wort meldet. Die verängstigten Jünger werden zu mutigen Predigern, und da sie die willigen Zuhörer taufen und auch ihnen damit den heiligen Geist verleihen,

entsteht wunderbar die erste christliche Gemeinde, so daß Pfingsten auch zu Recht das Geburtstagsfest der christlichen Kirche genannt wird.
Unter den großen Festen der Christenheit führt das Pfingstfest sehr zu Unrecht ein Schattendasein. Dies hat sicherlich damit zu tun, daß der Heilige Geist unanschaulich bleibt, also weder Krippe, Kreuz oder leeres Grab als einen Anschauungsgegenstand vorweist. Es ist nicht in Theaterspielen gefeiert worden, wie die Christenheit Krippen- und Passionsspiele und den Osterlauf kennt. Auch haben die Kirchen mit ihren Ordnungen stets einen ängstlichen Respekt vor dem Geist gehabt, der auch die Ordnungen der Kirche (wenn sie nicht mehr die Liebe Gottes spiegeln) sprengen kann. *vis*

Pfründe In der kirchlichen Verwaltung wird hin und wieder der Begriff »Pfründe« verwendet. Er bezeichnet eine mit einem kirchlichen Amt verbundene Vermögensmasse, deren Erträge dem Inhaber des Amtes zugute kommen.
Das Wort Pfründe geht auf das lateinische »praebenda« zurück, das soviel wie Unterhalt bedeutet.
Die Notwendigkeit, kirchliche Ämter mit einem Vermögen auszustatten, dessen Nutzung dem Amtsinhaber zusteht, ergab sich im Mittelalter. Zwar war die Kirche schon seit dem 4. Jahrhundert als vermögensfähige juristische Person anerkannt, aber eben nur die Kirche und nicht die einzelne Kirchengemeinde. Die Kirchengemeinde aber hatte, ohne Vermögen haben zu dürfen, für den Unterhalt ihres Pfarrers zu sorgen. Deshalb fand man die Rechtskonstruktion, daß man das hierzu dienende Vermögen rechtlich verselbständigte. Dieses Vermögen, die Pfründe, konnte nun selbst auch Träger von Rechten und Pflichten sein. Der Pfarrer selbst erhielt kein Gehalt, sondern die Nutzung des Pfründevermögens, und lebte, entsprechend dem Umfang des Vermögens, recht oder schlecht.
Für die evangelische Kirche hat diese Situation in den Städten fast keine, auf dem Land aber eine erhebliche Bedeutung gehabt. In den Städten waren die Pfarrer nach der Reformation meist Staatsbeamte.

Die Landpfarrer aber lebten bis in das vorige Jahrhundert hinein von »ihren Pfründen«.

Im Laufe des 19. Jahrhunderts wurde in den evangelischen Kirchen in Deutschland überall eine Zentralisierung der Pfarrerbesoldung vorgenommen. Die Pfarrergehälter wurden nun vom Staat oder der Kirche nach einheitlichen Grundsätzen gezahlt. Die Erträgnisse des Pfarreivermögens mußten von den Gemeinden an die gehaltszahlende Stelle abgeführt werden. So ist es auch heute. *jt*

Pietismus Das lateinische Wort »pietas« bedeutet »Frömmigkeit«. Der Pietismus ist also in der protestantischen Kirchengeschichte eine »Frömmigkeitsbewegung«. Solche »Bewegungen« treten in der Geschichte des Christentums immer wieder auf und bewahren den christlichen Glauben vor Erstarrungen, Verfestigungen und Unmaßgeblichkeit. Denn sie nehmen Herausforderungen ihrer Zeit auf und beantworten sie mit einer neuen Auslegung der christlichen Botschaft in ihrer lebenspraktischen Bedeutung. So verhielt es sich im Mittelalter mit der Armutsbewegung des Franziskus von Assisi gegenüber einer Kirche, die im politischen Wettkampf mit dem Kaisertum ihr christliches Zentrum verlassen hatte – so entstand der Pietismus, als der Dreißigjährige Krieg im Land der Reformation, Deutschland, mit blutiger Handschrift gezeigt hatte, wohin die Religionsstreitigkeiten führen, wenn staatliche Mächte sie zu ihrem Interessenkampf benutzen. Der Kampf um die »reine Lehre« hatte zu großer Resignation geführt – nun galt es, die »reine Praxis« zu finden. Die »praxis pietatis« wurde das Schlagwort der pietistischen Reformbewegung. In ihrem Gefolge kam es nicht nur zu innerkirchlichen Veränderungen, wie Förderung der persönlichen Frömmigkeit, Bibelstunden mit freiem Gespräch statt nur Predigthören, Gründung von Bibeldruckereien und -verlagen, Neuentdeckung der Mission und Gründung einer überkonfessionellen Kirche (Herrnhuter Bürgergemeine), sondern auch zu großen sozialen Reformen: In der Sozialfürsorge, Arbeitsbeschaffungsmaßnahmen, Waisenhäuser, Aufbau von berufsbildenden Schulen und manches mehr.

Das »Dreigestirn« des klassischen Pietismus heißt: Philipp Jakob Spener (Frankfurt am Main), August Hermann Francke (Halle) und Graf Zinzendorf (Herrnhut).
Die Problematik des deutschen Pietismus bestand geistesgeschichtlich darin, daß er sich der Auseinandersetzung mit der Aufklärungsphilosophie entzog, ihr gewissermaßen in Antihaltung begegnete. Auch dem jüngeren Pietismus gelang es nicht, eine fruchtbare Auseinandersetzung mit der Moderne zu führen. Die »Restauration« des Pietismus entstand in der Mitte des vorigen Jahrhunderts als »Erweckungsbewegung«, vor allem im Süden, Westen und Osten Deutschlands, und ist bis heute in den »Landeskirchlichen Gemeinschaften« wie auch in bestimmten freikirchlichen Formen lebendig geblieben. Der Pietismus weckt die persönliche Frömmigkeit (»bewußte Bekehrung zu Christus«) und unterstützt tatkräftig den Missionsgedanken. Wenn im kirchlichen Sprachgebrauch bestimmte Landschaften als besonders »kirchlich« gelten, so sind diese meistens von jener Erweckungsbewegung geprägt worden, die oft im Widerstand zur staatlichen Kirche sich durchsetzte. *sis*

Predigt Sie hat ihren Platz im Gottesdienst der Kirchengemeinde. In einer so nur hier anzutreffenden Rede wird das Evangelium, die verbindliche Mitteilung von der Liebe Gottes, an bestimmte Hörer und in eine bestimmte Zeitsituation hinein weitergesagt. Die Predigt ist an das Wort von Gott, von der Welt und vom Menschen, dokumentiert in der Heiligen Schrift und in Jesus Christus zusammengefaßt, gebunden. Sie schließt zwar an die alte Synagogenpraxis an, hat aber durch den im Geist als gegenwärtig geglaubten Jesus Christus einen völlig neuen und alle Zeiten übergreifenden und die Ewigkeit einschließenden Inhalt. Die wichtigsten Abschnitte der Bibel, die »Perikopen«, sind für die evangelische Kirche in einen Sechsjahreturnus auf das mit dem 1. Advent beginnende und mit dem Ewigkeitssonntag schließende Kirchenjahr verteilt. In der Predigtvorbereitung wird durch Auslegung (Exegese) der Inhalt der jeweiligen Perikope erarbeitet und ihre Bedeutung für Hörer und Gemeinde interpretierend vergegenwärtigt. Die mit der Lebenspraxis befaßte

Botschaft kann nur auf dem Wege des Glaubens aufgenommen und in die eigene Existenz umgesetzt werden. Das durch die Predigt vermittelte Wort ist um so wirkungsvoller, je sorgfältiger der Prediger die für möglichst viele Hörer geltenden Regeln des Verhaltens, der Sprache und der Aneignung beachtet.
Die Predigt ist für evangelische Christen fest eingebettet in das gesamte Gottesdienstgeschehen.
Auch das Heilige Abendmahl ist nach evangelischem Verständnis Wort, nämlich sichtbares Wort (verbum visibile). Der Gottesdienst hat von Mal zu Mal gleichbleibende Elemente (das Ordinarium) und jeweils auf den Tag und sein Leitbild eingestellte Teile (das Proprium). Die Predigt ist vornehmlich Teil des Propriums. Die Schriftvermittlung aus Altem und Neuem Testament garantiert Identität und Kontinuität der Kirche. Das treffende Wort dazu stammt vom Apostel Paulus: »So kommt der Glaube aus der Predigt, das Predigen aber durch das Wort Christi.« (Römer 10,17) *sis*

Prophet Im siebten Kapitel des Amosbuches unserer Bibel gibt es eine bezeichnende Szene: Amos hat mit seiner Prophetie am Reichsheiligtum Israels in Bethel für Unruhe gesorgt, da tritt ihm ein Priester des Tempels entgegen und sagt: »Du, Seher, geh weg und weissage nicht mehr in Bethel.« Amos entgegnet: »Ich bin kein Prophet, noch ein Prophetenschüler.«
Seher nannte man Frauen und Männer, die für Entgelt die Zukunft voraussagten und die günstige Zeitpunkte für öffentliche und private Aktionen, für Eheschließungen und Verträge bestimmten. Es gelang dem Tempel, diese Funktionen an sich zu binden. Man nennt sie zur Unterscheidung von den anderen die »Kultpropheten«.
Nicht nur im alten Testament sind Prophetenschulen bezeugt. Das waren meist um einen Meister gescharte Jünger. Elisa war so ein geistbegnadeter Anführer. In diesen Gemeinschaften wurde Ekstase mit Musik und Tanz gefördert. Amos betont, daß er zu beiden Gruppen nicht gehört, sondern durch Gott selbst aus seinem Beruf weggerufen wurde, den Willen Gottes anzusagen. Diese Form des Prophetentums ist für die biblische Zeit zu der eigenen prägenden

Kraft geworden. Gottes Willen wurde diesen Propheten durch Visionen und Auditionen eingegeben. Anders als Weissager sind die Propheten meist von der Hoffnung beseelt, daß die Zukunft, die sie nach Gottes Willen in Kult- und Sozialkritik ansagen müssen, nicht eintritt, sondern daß Buße und Umkehr geschieht und daß Gott das Unheil, das Strafgericht und eine neue Möglichkeit auftut. Propheten haben nicht nur aus der direkten Beziehung Gottes heraus gesprochen, sondern haben auch geschichtliche oder prophetische Traditionen aufgegriffen und für die veränderte Zeit ausgelegt, wie man es an Deuterojesaja (Jes 40–55) oder Tritojesaja (Jes 56–66) erkennen kann, die das Werk des ersten Jesaja (Jes 1–39) fortsetzen.

Wir unterscheiden die vorklassischen, schriftlosen Propheten wie Elia und Elisa, die uns keine schriftlichen Werke hinterlassen haben, und die Schriftpropheten, vier große und zwölf kleine Propheten, deren Sprüche und Visionen, deren Leben und Leiden wir im dritten Teil der hebräischen Bibel finden.

Die letzten Propheten – wie etwa Daniel – werden der Apokalyptik zugerechnet. Sie malen das Weltende aus und greifen nicht mehr in das konkrete politische, soziale und religiöse Leben ihrer Zeit ein. Zu dieser Tradition gehört auch das einzige prophetische Buch des neuen Testaments: Die Offenbarung des Johannes. *vis*

Protestanten / Protestantismus Als Protestanten bezeichnet man heute allgemein alle, die einer der Kirchen oder konfessionellen Gruppen angehören, die sich von der Reformation des 16. Jahrhunderts herleiten. Ursprünglich aber wurden mit dem Namen »Protestanten« nur die sechs evangelischen Fürsten und die vierzehn oberdeutschen Städte bezeichnet, die auf dem 2. Reichstag von Speyer am 19. April 1529 einen Protest einlegten gegen den Mehrheitsbeschluß der katholischen Reichsstände. Dieser Beschluß forderte die Durchführung des Wormser Edikts von 1521 gegen Luther und seine Anhänger. Ein Minderheitenprotest war nichts Außergewöhnliches. »Protestari« meint nämlich, »für oder gegen« einen bestimmten Sachverhalt öffentlich Stellung zu nehmen.

Dennoch wurde die Bezeichnung »Protestanten« zunächst nur von den Gegnern gebraucht. Erst im Laufe der Zeit gewann dieser Name bei den Evangelischen selbst Wohlwollen. In der Besinnung auf den Inhalt jener Protestation in Speyer wurden grundlegende Aussagen sichtbar, die das Wesen des »Protestantismus« zur Sprache bringen. Da hieß es: »In Sachen Gottes Ehre und der Seelen Seligkeit belangend muß ein jeglicher für sich selbst vor Gott stehen und Rechenschaft geben.« Auch der Mehrheitsbeschluß des Reichstages ist also der Autorität Gottes und der Heiligen Schrift unterzuordnen. In dieser Entschließung bricht die Botschaft der Reformation durch: Gott redet durch das Wort der Bibel direkt und unmittelbar zu den Menschen. Keiner kann sich hinter die Institution der Kirche zurückziehen, sondern bleibt mit seinem Gewissen in persönlicher Verantwortung vor Gott gebunden. »Protestantismus« hat seitdem etwas zu tun mit einer leidenschaftlichen Suche nach Wahrheit und mit einem klaren Eintreten für die Gewissensfreiheit.

Protestanten werden darum auch heute selbstkritisch zurückfragen müssen, ob sie bereit sind, öffentlich für dreierlei einzutreten:

1. Wenn das Gewissen eines Christen allein an Gottes Wort und Willen gebunden ist, müssen Protestanten allen Totalitätsansprüchen in unserer Zeit widersprechen.
2. Wenn allein die Gnade Gottes den Glaubenden aus der Gebundenheit in Schuld und Irrtum befreit, ist Freiheit nur zu gebrauchen als Freiheit der Zuwendung zum Nächsten und nicht zur Selbstverwirklichung.
3. Wenn Christen aus der Hoffnung leben, die mit der Zukunft Gottes rechnet, dann ist Protest angezeigt gegen Resignation und gegen Aggression, die unsere Gegenwart und Zukunft zerstören könnten.

Protestantismus ruft die »Protestanten« zu einem Leben mit Christus. *ga*

Psalmen Psalmos ist griechisch und heißt: Zither- oder Lautenspiel. In poetischer Sprache heißt auch das Spannen der Saite, der Gesang und dann das Lied so. 150 Psalmen umfaßt der Psalter der hebräischen Bibel. Die Zählung der Psalmen der hebräischen Bibel und ihrer griechischen Übersetzung weichen voneinander ab. Die Vulgata, der lateinische Text der katholischen Kirche, folgt der Septuaginta, so daß bei den meisten Psalmen in der katholischen Kirche die Nummer um eins niedriger ist als in der evangelischen Kirche, die in ihrer Zählung der hebräischen Bibel folgt. Die Septuaginta kennt einen zusätzlichen Psalm im Psalter, den 151. Doch auch im sonstigen Bibelbuch gibt es Psalmen, etwa in den Chronikbüchern. Auch im neuen Testament gibt es Psalmen, am bekanntesten ist sicher das Magnificat der Maria (Lk 1,47ff.), das Benedictus des Zarachias (Lk 1,68ff.) und das Nunc dimittis des Simeon (Lk 2,29ff.). Wie diese neutestamentlichen Psalmen einen festen Platz im Gottesdienst (Stundengebet) fanden, so hatten schon zur Zeit des salomonischen Tempels die Psalmen ihren Ort im Gottesdienst. Wie bei den Christen später diente der Psalter nicht nur als allgemeines Gesangbuch, sondern auch als privates Gebetbuch des einzelnen Gläubigen.

Die theologische Wissenschaft hat gelernt, die Psalmen der Form nach zu unterscheiden, solche Formen sind: Hymnus (z. B. Ps 33), Klagelied des Volkes (Ps 44), Danklied des Volkes (Ps 124), Königspsalmen (Ps 2), individuelles Klagelied (Ps 9), Vertrauenspsalm (Ps 23), Liturgien (Ps 121).

Im Psalter sind mehrere ältere Liedersammlungen zusammengefaßt. Lobpreisende Formeln markieren noch heute die jeweiligen Enden der Sammlungen. Ein Großteil der Psalmen wird David zugeschrieben, der war sicher ein begnadeter Sänger und Dichter. Doch es gibt Psalmen aus sehr früher Zeit. Andere Lieder sind von anderen Völkern übernommen worden und besangen ursprünglich heidnische Gottheiten, deren Namen in Israel getilgt und durch Jahwe/Elohim ersetzt wurden. Andere Lieder sind für die »Söhne Korachs«. Das Geschlecht Korach war eine im vierten vorchristlichen Jahrhundert aufgestiegene Sängergilde, vielleicht erinnern auch die Psalmen Asaphs an eine solche Gilde, vielleicht ist aber auch ein einzelner Psalmendichter denkbar.

Neben den Psalmen der Bibel gibt es die apokryphe Sammlung der Psalmen Salomos (18 Psalmen) und die Sammlung der Loblieder, die in den Höhlen von Qumran gefunden wurden. Es nimmt nicht Wunder, daß gläubige Menschen zu allen Zeiten Psalmen dichteten und sangen (der Psalter war den Reformierten lange Zeit einziges Gesangbuch), und so gilt es bis heute. *vis*

Quasimodogeniti Dieses Wort ist manchem Menschen als Name bekannt, den eine berühmte Roman- und Filmfigur trägt: Der Glöckner von Notre-Dame. Es ist der Bucklige aus dem Buch von Victor Hugo, der in den Türmen der Pariser Kathedrale unter diesem ausgefallenen, aber durchaus einprägsamen Namen sein Wesen und Unwesen treibt. Ein wirklicher Name ist dieses so kirchlich klingende lateinische Wort aber gar nicht. Es besteht aus zwei eigentlich selbständigen Wörtern: quasi und modo.

»Quasi« heißt auf deutsch »gleichsam«, »so« – darum hört man manchmal Menschen den in Wirklichkeit doppeltgemoppelten Begriff gebrauchen, der das deutsche und lateinische Wort miteinander verbindet: so-quasi. Das lateinische »modo« bedeutet im deutschen »auf die Weise« oder kurz »wie«. »Quasi modo« heißt dann also nichts anderes als »so wie«.

Als Name für einen Menschen ist es deshalb eigentlich nicht geeignet. Doch wird es der große französische Romancier wohl seines kirchlichen Klanges wegen für seinen Glöckner verwendet haben und vielleicht auch weil dieser Mensch durch seine Taufe den Bezug zu einem bestimmten Sonntag hatte, der den Namen trägt: Quasimodogeniti. Mit »geniti« bezeichnet die lateinische Sprache die soeben geborenen Kinder, die Säuglinge.

Den Namen »Quasimodogeniti« trägt der Sonntag nach Ostern. In der Zeit zwischen dem Ostersonntag-Morgen und diesem folgenden Sonntag fanden in der alten Kirche die meisten Taufen statt (in der Passionszeit davor war darauf vorbereitende Taufunterrichtszeit). Für den Sonntag nach Ostern suchte man als passende Epistel für diese »Taufzeit«, als Brieflesung, einen Abschnitt aus dem 1. Petrusbrief aus. Dieser zweite Vers des zweiten Kapitels spielt auf die durch die Taufe gleichsam in ein neues Leben hineingeborenen Jung-Christen an und lautet: »So wie neugeborene Kinder habt Ver-

langen nach unverfälschter geistiger Milch, damit ihr durch sie heranwachst und das Heil erlangt.«
Auf lateinisch beginnt dieser Sonntagstext mit den Worten »Quasi modo geniti«, (»so wie Neugeborene«) und mit ihnen bezeichnete man bald diesen Sonntag nach Ostern. *mf*

Reformation Aus der Philosophie von Aristoteles abgeleitet meint »forma« nicht die äußere Gestalt, sondern das Wesen, das sich in der eigenen Gestalt ausdrückt. Reformation ist also die Wiederherstellung des eigentlichen Lebens, denn der Begriff ist ganz und gar nicht auf die Kirche beschränkt. So erlebte das Frankfurter Stadtrecht 1509 eine Reformation. In der »Reformatio Sigismundi« verurteilt der Kaiser 1439 die bäuerliche Leibeigenschaft.
Der Ruf des Mittelalters nach Reformation will eine Veränderung des ganzen politischen aber auch kirchlichen Lebens. Joachim von Fiore und Franz von Assisi erstrebten eine Reformation. Die Konzile von Pisa (1409), Konstanz (1414–1418) und Basel (1431–1449) versuchten eine Reformation der Kirche an Haupt und Gliedern.
Auch wenn Luther selbst den Augenblick des Thesenanschlags (1517) als den Wendepunkt angesehen hat, so hat er für sich das Wort Reformation nie beansprucht: »Die Zeit dieser Reformation kennt allein der, der die Zeiten geschaffen hat.« Positiv spricht er – und da ist er im Amt – nur von der Reformation der Universität.
Auch Melanchthon ist vorsichtig im Gebrauch dieses Wortes, er beschreibt im Rückblick auf Luthers Leben sein Werk: »Durch Luther ist das Licht des Evangeliums wieder entzündet worden.« Doch es ist Werk Gottes, daß die Kirche zu den Quellen zurückgerufen wurde. Luther hat zusammen mit allen anderen Reformatoren der Kirche nur ihre eigentliche Gestalt, ihr eigenes Wesen wieder zurückgeben wollen. Der erste, der für das Werk Luthers den Begriff Reformation gebrauchte, war Veit Ludwig von Seckendorf (1626–1692) in seiner Schrift: Commentarius historicus et apologeticus de Lutheranismo seu de reformatione (1688), verursacht war diese Schrift durch das Werk des französischen Jesuiten Louis Maimbourg »Historiographie du Lutheranisme« (1680).

Gibt man den Thesenanschlag 1517 oder den Durchbruch der reformatorischen Erkenntnis 1513/15 an, so ist für die Kirchengeschichtler das Schlußdatum umstritten: Soll man Luthers Todesjahr oder das Melanchthons und Calvins annehmen? Vielmehr stellt sich die Reform der Kirche als eine immer andauernde (ecclesia semper reformanda). *vis*

Religiöse Sozialisten Die Bewegung des religiösen Sozialismus geht auf Menschen des 19. Jahrhunderts zurück, die als Christen Sozialisten waren. Beispiele sind die Engländer Carlyle (1795–1881) und Kingsley (1819–1875), die Franzosen Saint-Simon (1760–1825) und Lamennais (1782–1854) oder diejenigen, die sich als Christen für die Zustände verantwortlich wußten, die durch den Sozialismus aufgedeckt und bekämpft wurden, wie Wichern, der Begründer der Inneren Mission, J. Chr. Blumhardt, der Gründer von Bad Boll, und sein Sohn, der 1889 seinen Pfarrertitel wegen seines Eintritts in die SPD verlor, der Mainzer Bischof Ketteler, Friedrich Naumann, der in Frankfurt das Pfarramt für innere Mission und nach dem 1. Weltkrieg den Vorsitz der Deutschen Demokratischen Partei innehatte, und dazu kommen die beiden Schweizer Theologen Kutter (1863–1931) und Ragaz (1868–1945).
Ein für September 1914 nach Basel einberufener Internationaler Kongreß für soziales Christentum kam wegen des Ausbruchs des 1. Weltkriegs nicht zustande. Nach dem 1. Weltkrieg bildeten sich in Deutschland drei Gruppen heraus:
1. die süddeutsche des volkskirchlichen Bundes evangelischer Sozialisten, die die Volkskirche zu einer religiösen-sozialen Lebensgemeinschaft umformen wollte und dafür innerkirchlich stritt,
2. die Berliner Gruppe des Bundes religiöser Sozialisten, die die christlichen Forderungen in dem Staat zum Tragen bringen wollten und deshalb in der Kirche neutral aus ihr herauswirkten,
und 3. der von Köln ausgehende religiöse sozialistische Arbeitskreis.
1926 schlossen sich diese Gruppen zu einer Arbeitsgemeinschaft zusammen. Theologischer Vordenker wurde für sie Paul Tillich. Einen

nennenswerten Erfolg hatte die Bewegung weder in der Kirche noch im Staat.

Nach dem 2. Weltkrieg wurde die Arbeit unter den veränderten Bedingungen aufgenommen. Kirche im Sozialismus wurde für die evangelische Kirche in der DDR zur Überlebensnotwendigkeit. Im Westen wurde aus dem Sozialismus die Volkspartei der Sozialdemokratie. In Kassel wurde 1948 der Bund religiöser Sozialisten ins Leben gerufen. Die Theologie Tillichs fand besonders in USA, Japan, aber auch in Westeuropa Anhänger. Der Internationale Bund religiöser Sozialisten hat seinen Sitz in Bentveld / Holland. *vis*

Sakrament Es ist die direkte Heilszuwendung an den Menschen durch Gott, sie ist sinnlich erfahrbar und eine Sinnstiftung für das Leben des Einzelnen, ihre Wirkung liegt nicht im Empfangenden und seinem Glauben begründet, sondern in der Gnadenkraft Gottes.

Die römisch-katholische Kirche kennt sieben Sakramente, nämlich Taufe, Beichte, Kommunion, Firmung, Ehe, Priesterweihe und Krankensalbung. Dabei stiften sich die Eheleute gegenseitig das Sakrament der Ehe, die Austeilung der Sakramente Priesterweihe und Firmung darf nur der Bischof vornehmen.

Die Reformation hat nur zwei Sakramente bestehen lassen: Die *Taufe*, denn Jesus hat, als er zum Himmel auffuhr, seinen Jüngern ausdrücklich den Befehl zur Taufe gegeben. Das äußere Zeichen der Taufe ist das Wasser, in dem der alte Mensch stirbt (Luther kann vom »Ersäufen des alten Adam« sprechen), und der neue Mensch aus dem Bad der Wiedergeburt steigt. Jeder Christ ist berechtigt, im Falle der Lebensgefahr zu taufen (Nottaufe); wo eine solche Not nicht vorliegt, tauft der Ortspfarrer. Diese Zuweisung nahm die Reformation um der Ordnung willen vor. Zu dem Wasser, so lehrt Luther, muß das Wort Gottes kommen, damit es eine Taufe ist, die im Namen Gottes, des Vaters und des Sohnes und des Heiligen Geistes geschieht. Einige christliche Kirchen taufen nur im Namen Jesu Christi, doch erkennen sie über die Konfessionsgrenzen hinweg gegenseitig die Taufe an. Die Baptisten und andere Freikirchen lehnen

die Kindertaufe ab. Die Kindertaufe ist an das Patenamt gebunden, da der Pate stellvertretend das Taufbekenntnis für den Täufling übernimmt, bis der – unterwiesen im Konfirmandenunterricht – bei seiner Konfirmation selbst das Bekenntnis spricht.
Das andere Sakrament ist das *Abendmahl.* Jesus hat zu seinen Jüngern gesagt: »Solches tut zu meinem Gedächtnis!« Brot und Wein sind die äußeren Zeichen. Jesus Christus ist unter diesen Zeichen leiblich gegenwärtig, jedoch wird diese Gegenwart in den christlichen Kirchen unterschiedlich gelehrt. Spricht die römisch-katholische Kirche von einer Wandlung der Elemente Brot und Wein in Leib und Blut Christi (Transsubstantiationslehre), betonte Luther das zugleich von Brot und Leib, Wein und Blut Christi (Konsubstantiationslehre), unterschied die reformierte Kirche mit Calvin das leibliche Essen und die geistliche Nahrung, sind bei Zwingli Brot und Wein Erinnerungszeichen für die Erlösung am Kreuz. In den meisten christlichen Kirchen ist die liturgische Leitung des Abendmahls den geweihten bzw. ordinierten Geistlichen vorbehalten, was jedoch eine Mitwirkung von Laien bei der Austeilung nicht ausschließt.
Luther hätte gern auch die Beichte in den sakramentalen Rang erhoben, zumal Jesus mehrfach den Befehl zur Vergebung gab, jedoch fehlt das äußere Zeichen, dem Wasser bzw. Brot und Wein vergleichbar.
Alle anderen Sakramente verwarf die evangelische Kirche, da es einen ausdrücklichen Befehl Christi dazu nicht gibt. Sie übt sie jedoch als Amtshandlung (Trauung, Ordination, Beichte) oder als seelsorgerliche Handlung wie Salbung weiter. *vis*

Schöpfung »Am Anfang schuf Gott Himmel und Erde.« In ihrem allerersten Satz betont die Bibel ausdrücklich, was zum Grundbekenntnis jüdisch-christlicher Tradition gehört: Gott ist der Schöpfer des Himmels und der Erde. Der Ausdruck »die Schöpfung« bezieht sich demzufolge entweder auf den Akt Gottes, in dem er die Welt aus dem Nichts entstehen ließ, oder auf das, was erschaffen wurde: die Erde und die Sterne, die Natur und die Lebewesen. In zwei verschiedenen Varianten erzählen die ersten beiden Bibel-Kapitel vom Ablauf der Schöpfung. Moderne Interpretationen sehen darin keinen Widerspruch zu den naturwissenschaftlichen Erklärungen der Entstehung der Welt, sondern verstehen die biblischen Erzählungen als Glaubensaussagen: Gott gibt dem Leben und Sterben aller Kreaturen Sinn, Gott steht jenseits von Raum und Zeit, auf Gott zielt jegliche Existenz. Aus dem Gegenüber von Schöpfer und Schöpfung ergibt sich der Auftrag der Menschen, verantwortlich zu leben und verantwortlich mit der Schöpfung umzugehen. Als von Gott geschaffene »Ebenbilder Gottes« (1. Mose 1,27) haben alle Menschen eine Würde, die unantastbar ist. Diese Grundeinsicht ist allgemein anerkannt, zum Beispiel in der Erklärung der Menschenrechte von 1948. Die Menschen sind aufgerufen, am Werk der Schöpfung teilzunehmen, indem sie ihre geistigen und körperlichen Fähigkeiten zur weiteren Entwicklung sozialer Beziehungen und gerecht verteilter Lebenschancen weltweit einsetzen. Der Schutz der natürlichen Umwelt (der die Erhaltung seltener Tierarten ebenso umfaßt wie die Erforschung einer möglichen Klimakatastrophe) und die Vermeidung aller Entscheidungen, die zukünftige Generationen belasten würden, gehören dabei zur menschlichen Verantwortung. Das Ziel der Schöpfung ist nach biblischer Überzeugung ihre Erlösung, »frei zu werden von der Knechtschaft der Vergänglichkeit« (Römer 8,21). *mr*

Schwestern und Brüder Wenn es besonders feierlich klingen soll, ist in Gottesdiensten die Anrede »Liebe Schwestern und Brüder!« zu hören. Die liturgische Ordnung in der Agende sieht diese Bezeichnung zum Beispiel bei der Einführung von Kirchenvorstehern und Kirchenvorsteherinnen vor. Auch Pfarrer, besonders der älteren Generation, reden sich untereinander häufig mit »Bruder« an – allerdings immer mit »Sie« und ergänzt durch den Nachnamen.

Was beim ersten Hören als eigenartige, altmodisch-kirchliche Sprache erscheint, erklärt sich aus vielfältigen Traditionen. Im Alten und Neuen Testament bezeichnet »Bruder« nicht nur den Blutsverwandten, sondern meint auch den Religionsgenossen oder jemand besonders Nahestehenden.

So versteht Psalm 22, Vers 23, die Angehörigen der Gemeinde als Brüder. Das Markusevangelium, Kapitel 3, Verse 31 bis 35, nennt Geschwister Jesu diejenigen, die »Gottes Willen tun«. Paulus gebraucht bei vielen Gelegenheiten für Gemeindeglieder die Anrede »Brüder«.

Auch wenn in der Vergangenheit die »Schwestern« vielfach übersehen, vergessen oder nicht etxra erwähnt wurden, so hat die Benennung als »Schwestern und Brüder« – heute entsprechend bewußt gebraucht, Bedeutung für das Verhältnis der Geschlechter: Als Geschwister sollen Männer und Frauen gleichberechtigt miteinander leben.

Im Christentum, aber auch in anderen Religionen, betont der Titel »Bruder und Schwester« für andere Religionsangehörige die enge Verbundenheit, die ein gemeinsamer Sinnzusammenhang stiftet. Außerhalb familiärer Bindungen gehören die so Verbundenen zu einer Einheit mit höherem Wert. Teilweise verstehen sich die Mitglieder von »Bruderschaften« allerdings innerhalb größerer Verbände wie den Großkirchen noch einmal als besondere, strengreligiöse oder fromme Gruppierung.

Im Kirchenkampf der Bekennenden Kirche nach 1933 gegen die deutsch-christlichen Theologen und Kirchenvertreter, die auf seiten der nazistischen Diktatur standen, wurde die gegenseitige Bezeichnung und die damit ausdrückliche Verbundenheit als »Brüder« besonders wichtig. Die Theologische Erklärung von Barmen 1934 unterstreicht die Ordnung der Kirche als »Gemeinde von Brüdern«, um so die Gleichheit ihrer Mitglieder untereinander und ihren beispielhaften Auftrag in der Welt zu betonen. »Bruderräte« übernahmen die Funktionen von dem Staat gleichgeschalteten Kirchenleitungen.

In der heutigen ökumenischen Perspektive, die sich um die Verständigung verschiedener christlicher und religiöser Gruppen in aller Welt bemüht, erscheint »geschwisterliche Zusammengehörigkeit« über alle Grenzen von Staaten und Gesellschaftssystemen hinweg als eine der vordringlichsten Aufgaben. *mr*

Seele »Nun passen Sie mal auf«, sagte er, »ich will Ihnen zeigen, was eine Seele ist.« Dann bat er sich umständlich in der Runde ein Streichholz aus, nein, ein Feuerzeug täte es nicht. Dann klappte er von seinem Schweizer Offiziersmesser den Korkenzieher heraus, zeigte ihn rum. »Sehen Sie, ein guter Korkenzieher, wie dieser hier, ist kein Bohrer, der möglicherweise nur ein Loch in den Flaschenkorken treibt. Der gute Korkenzieher ist eine Spirale um einen hohlen Kern«, dann steckte der das Streichholz in diesen hohlen Kern. »Diesen hohlen Kern, der das wesentliche eines guten Korkenziehers ausmacht, ihn nennt man Seele.« Er genoß sichtlich die Überraschung. Ich weiß nicht, ob das wirklich allgemeiner Sprachgebrauch ist, kirchlicher Sprachgebrauch ist es nicht, der ist ein vielfältiger anderer.

Eine Gemeinde hat zweitausend Seelen. Hier sind Menschen gemeint, die aber nicht einfach Menschen genannt werden, sondern Seelen heißen wegen ihrer geistlichen Ansprüche. Seele wird auch der Teil des Menschen genannt, der seinen leiblichen Körper zur Ganzheit des Menschen ergänzt, das meint also den geistlichen Teil des Menschen, wenn man nicht gar in der Folge des griechischen Denkens von einer Dreiteilung des Menschen ausgeht: Leib, Geist, Seele. In diesem Fall wird das verstandesmäßige natürliche Denken des Gehirns von den religiösen Wahrnehmungen und Erfahrungen des Gefühls unterschieden, der Verstand sieht die Einzelheiten, die Seele sieht die Wesenheiten. Abgeleitet von der platonischen Ideenlehre billigte man nur dieser geistigen Seele Unsterblichkeit zu, während der übrige Mensch der Verwesung anheimfällt.

Demgegenüber hat der christliche Glaube an der Auferstehung des Menschen (in der früheren Textfassung des apostolischen Glaubensbekenntnis hieß es Auferstehung des Fleisches), also des ganzen Menschen festgehalten.

In der alten Erzählung der Schaffung des Menschen, im 2. Kapitel der Bibel heißt es, daß Gott der Schöpfer den Menschen aus Erde vom Acker machte und ihm Odem des Lebens in die Nase blies, da wurde der Mensch eine lebendige Seele (wir könnten auch übersetzen, da wurde der Mensch ein lebendiges Wesen).

Seele kann also sehr verschiedenes meinen, wichtig ist eigentlich nur, was wir jeweils aus dem machen, was wir selbst Seele nennen. Darin hat der Erklärer mit dem Taschenmesser recht: Es ist ein Hohlraum, den wir recht zu nutzen haben: die eigene Seele. *vis*

Seelsorge Die Tätigkeit der Pfarrerin, des Pfarrers zerfällt in drei klassische Felder: die Homiletik zusammen mit der Liturgik: das erfährt die Gemeinde im Gottesdienst, in der Predigttätigkeit; die Katechetik: die erfährt die Gemeinde im Unterricht bei den Konfirmanden und in der Schule, aber auch in der Erwachsenenbildung und im Kindergarten; und schließlich der Seelsorge, die oft nicht nur Sorge für die Seele, für das Innere des Einzelnen ist, sondern auch Leibsorge und Sorge für das Leben in den Gemeinschaften, besonders in den Familien, meint.
Die Seelsorge ist weithin aufsuchende Seelsorge. Der Pfarrer sucht das Gespräch mit der Gemeinde durch Besuche bei unterschiedlichen Anlässen wachzuhalten, dabei ist der Altengeburtstag nur ein und nicht einmal ein besonders günstiger Termin, da wegen der Gäste und der Festanspannung ein eingehendes Gespräch nicht möglich ist. Doch weil der Festbesuch durch die Gemeinde gewünscht wird, stehen vielerorts Besuchskreise dem Pfarrer hilfreich bei. Anders ist es mit dem Krankenbesuch, wo der Kranke oft seine seelischen Probleme besprechen möchte. Jedoch weiß der Großstadtpfarrer in den seltensten Fällen, wann ein Gemeindeglied erkrankt ist und seinen Besuch erwünscht, wenn die Angehörigen oder Nachbarn nicht den Wunsch weitertragen. Den Kranken im Krankenhaus stehen in vielen Kliniken speziell geschulte Seelsorger zur Verfügung. Auch andere Besuche, wie solche bei Konfirmandeneltern, können zur Herstellung einer Gesprächssituation genutzt werden. Seelsorgerliche Aspekte haben stets auch die Gespräche anläßlich der Amtshandlungen, insbesondere bei Beerdigungen.
Andere Gemeindeglieder suchen die Pfarrerin, den Pfarrer selbst auf, um ihre Nöte mit sich, aber auch mit anderen Familienangehörigen vorzutragen. Sie wissen, daß alles, was sie einem Seelsorger, einer Seelsorgerin anvertrauen, unter das Beichtgeheimnis fällt und deshalb auch vor Gericht verschwiegen werden würde. Der Seelsor-

ger wird keine moralischen Urteile fällen, sondern dem Mitchristen ermöglichen, sich angstfrei auszusprechen. Er wird das Gespräch nicht leiten, sondern so offenhalten, daß Seelsorgesuchende eigene Erkenntnisse gewinnen können und dabei das Gefühl haben dürfen, angenommen zu sein.
Ein Seelsorgegespräch, das zu einem gewissen Abschluß gekommen ist, kann mit einer Absolution – einer im Namen des dreieinigen Gottes ausgesprochenen Vergebung – und mit einem Segen abgeschlossen werden. *vis*

Segen Dieses Wort ist unserer Umgangssprache ähnlich fremd geworden wie beispielsweise »Opfer«. Wir verwenden »Segen« am ehesten noch in dem Sinn von »Gutes füreinander wünschen« (»Ich wünsche Ihnen ein gesegnetes Fest!«). Ursprünglich bedeutete aber »Segen« – wie auch sein Gegenstück, der »Fluch« – den Menschen mehr als nur ein Wort. Es geht von ihm eine Wirkung aus, die lebensnotwendig beziehungsweise lebenszerstörend ist. In der jüdischen Weisheit (Sirach 3,9) heißt es: »Der Segen eines Vaters macht die Häuser der Kinder fest, der Fluch einer Mutter aber reißt sie nieder bis auf den Grund.«
Der Segen umfaßt Materielles und Geistiges. In erster Linie ist er Leben, Gesundheit und Fruchtbarkeit für Volk, Vieh, Acker und alles, worauf das Leben gründet. Der sterbende Vater gibt seinen Erstgeburtssegen dem Sohn (siehe Isaak und Jakob); die Sippe lebt im Segen des Häuptlings, das Volk in dem des Königs. Letztlich haben Leben, Lebenskraft und Segen ihren Ursprung in der Gottheit als Schöpfer und Erhalter des Lebens. So denken auch die sogenannten »primitiven« Religionen.
Im Alten Testament wird Jahwe als der Gott bezeichnet, der das Leben schafft, die Welt einmal geschaffen hat und sie ständig schafft. Es kommt darauf an, in der »rechtschaffenen« Gottesbeziehung zu stehen, um selbst auch segenskräftig zu sein, nicht nur, um den Segen zu erhalten. Im Kultus begegnet der Mensch diesem Gott und die Priester haben die Aufgabe, den Segen von Jahwe zur Gemeinde zu überführen.

In der Form des Wunsches und der Bitte um Segen ist noch heute zum Schluß des christlichen Gottesdienstes meistens der »aaronitische Segen« zu vernehmen (4. Mose 6,24–26): »Der Herr segne dich und behüte dich; der Herr lasse sein Angesicht leuchten über dir und sei dir gnädig; der Herr hebe sein Angesicht über dich und gebe dir Frieden«. Segen ist keine Angelegenheit von Worten allein, sondern auch der Handlung. So stammt unser deutsches »segnen« von dem lateinischen Ausdruck: cruce signare, das heißt mit dem Kreuz zeichnen, also zum Beispiel auch die Geste des »Kreuzschlagens« ausführen. Eine Segenshandlung erlebt der evangelische Christ körperlich bei der »Einsegnung«, wie die Konfirmation ja auch genannt wird. *sis*

Sekte Dieses Wort stammt aus der lateinischen Sprache (secta, von sequi = nachfolgen) und wurde in der Bedeutung von »Richtung, Schule, Partei« gebraucht.

Die Religionsgeschichte kennt die Sekte in vielfältiger Gestalt bei jeder Religion. Ohne Wertung beschreibt sie die Sekte als eine kleine Gruppe neben einem umfassenden religiösen Gebilde. Deren Mitglieder fühlen sich als Elite, pflegen enge Gemeinschaft und halten an besonderen Unterschieden fest, die oft geringfügige Bedeutungen zu haben scheinen. Sie erleiden öfters Verfolgung. Ihre Führung ist weniger bürokratisch und mehr von Einzelpersönlichkeiten bestimmt; ein amerikanischer Forscher formuliert: »The leader is the sect.« (Der Führer bedeutet die Sekte.) Den Erfolg suchen die Sekten durch intensive, oft mit manipuliertem persönlichen Einsatz verbundene Werbetätigkeit zu gewinnen. Nicht selten sind einsame, im Glauben schwankende oder über die Kirchen verärgerte und enttäuschte Menschen Ziel der Werbung.

Während die katholische Kirche die Sekten nach dem Grundsatz beurteilt: »extra ecclesiam nulla salus est« (Außerhalb der Kirche gibt es kein Heil), haben die evangelischen Kirchen keinen einheitlichen Sektenbegriff. Am ehesten hat sich der Maßstab durchgesetzt, die Sekten nach ihrer Einschätzung von Jesus Christus zu beurteilen: Immer dann, wenn Person und Werk des Jesus Christus

durch Bibelfremdes »ergänzt« oder »verdeckt« wird, kann von Sekte gesprochen werden. So »ergänzen« zum Beispiel die »Mormonen« die Bibel durch das Buch Mormon. Oder die »Neuapostolischen« sehen in der Bibel einen Beleg für ihre Auffassung und vertrauen auf ihre Apostel, die sie für heilsnotwendig halten. Die »Christian Science« liest die Bibel im Sinn ihrer Stifterin unter den Gesichtspunkten von Science und Health (Wissenschaft und Gesundheit); die »Zeugen Jehovas« verwenden die Bibel lediglich zum Beweis für ihren weltgeschichtlichen »Fahrplan« (bis hin zu Datumsangaben für die Wiederkunft Christi). Einen neuen Sektentyp stellen die sogenannten Jugendsekten dar. Auch ihre Mitglieder folgen dem Heilsversprechen, das von einer Führerpersönlichkeit verkörpert und vermittelt wird. »Außerhalb der Gedankenwelt des ›Erleuchteten‹ ist kein Heil«, ließe sich formulieren! Was aus diesen Menschen nach dem Tod ihrer Führergestalten wird, ist ungewiß. Hier sind zweifellos die christlichen Gemeinden gefordert.
Übrigens: Auch das Christentum galt in seiner Anfangszeit als »jüdische Sekte« – zur »Kirche« wurde es, weil es den Zusammenhang von Altem und Neuem Testament festhielt und dann die Auseinandersetzung mit der zeitgenössischen griechisch-römischen Kultur aufnahm. Zu unserer Kultur heute gehört auch die Herausforderung des Christentums durch die Sekten. *sis*

17. Sonntag nach… Nur in der evangelischen Kirche kann man noch für einen der September-Sonntage die Bezeichnung hören »17. Sonntag nach Trinitatis«. Damit wird eine Bezeichnung beibehalten, die in den evangelisch-lutherischen Kirchen ungefähr so lange gebräuchlich ist, wie es diese reformatorische Kirche gibt, während es in der römisch-katholischen Kirche diese Benennung eines Sonntags nie gab. In der lutherischen Kirche wird der Sonntag nach Pfingsten »Trinitatis-Sonntag« (auf deutsch »Dreifaltigkeitssonntag«) genannt. Die Sonntage danach werden dann als »1. Sonntag nach Trinitatis«, »2. Sonntag nach Trinitatis« usw. bezeichnet. Die Benennungen von Sonn- und Festtagen richten sich nach dem sogenannten »Kirchenjahr«.

Dieses Kirchenjahr beginnt mit den vier »Adventssonntagen«, die auf den Advent, die Ankunft des an Weihnachten zur Welt kommenden Heilands hinweisen. Sein Gekommen-Sein wird dann mit dem »Epiphaniasfest«, dem »Erscheinungstag« am 6. Januar noch einmal besonders hervorgehoben und auch an den nächsten Sonntagen bedacht, die als »Sonntag nach Epiphanias« bezeichnet werden.
Die Anzahl der Epiphaniassonntage richtet sich danach, wie früh oder spät im Jahr Ostern liegt; denn die neun Sonntage vor Ostern werden als Sonntage der Passionszeit begangen. Liegt Ostern, das dem ersten Vollmond nach Frühlingsanfang folgt, spät, so muß die Zeit zwischen dem Epiphaniasfest und den Passionssonntagen mit bis zu sechs Epiphaniassonntagen aufgefüllt werden.
Die Sonntage zwischen Ostern und dem nach 50 Tagen folgenden Pfingstfest sind Tage der österlichen Freudenzeit und tragen lateinische Namen, nach den Worten nämlich, mit denen die alten lateinischen Bibellesungen an diesen Sonntagen beginnen. Ähnlich ist es auch mit den Namen einiger der neun Passionssonntage.
Auf Pfingsten folgt der Sonntag, der die dreifache Erscheinungsweise Gottes als Vater, Sohn und Heiliger Geist herausstellen will, der Dreifaltigkeits- oder Trinitatissonntag. Ihm schließt sich dann die Zählung der Sonntage bis zum Anfang des neuen Kirchenjahres im Advent an als »1.« bis »22.« oder »27.« »Sonntag nach Trinitatis«. Wie viele Trinitatissonntage es gibt, richtet sich wiederum danach, wie früh oder spät Ostern und damit Pfingsten und das folgende Trinitatisfest liegt. *mf*

Spiritual »Learn the lesson of the ladle!« (»Lern die Lektion der Schöpfkelle«) so sangen die schwarzen Sklaven im Süden der Vereinigten Staaten auf den Baumwollfeldern, und die Plantagenbesitzer und Sklavenaufseher amüsierten sich über die naiven Kinderverse. Sie begriffen nicht, daß die Sklaven ihren Kindern den Weg in die Freiheit beibrachten, auf das Sternbild des großen Wagen, das wie eine Schöpfkelle aussieht, zu achten und den Polarstern zu suchen, der ihnen den Weg in den Norden wies, dort wo es keine Sklaverei mehr gab.

Die Spirituals, die frommen Volkslieder, die die Schwarzen sangen, vereinigten beides, naive fromme Sprache, einfache oft biblische Geschichten – und einen tiefsinnigen, hintergründigen Gegenwartsbezug. Wenn Mose zum Pharao schreit: »Laß mein Volk ziehen! Let my people go!« so wird der Pharao zum Plantagenbesitzer und das Heer der Sklaven zu Israel, das von der biblischen Hoffnung auf Befreiung lebt. Wenn Josua die Schlacht von Jericho schlug, so wird das zum Befreiungskampf gegen die Sklavenhaltergesellschaft.
Auch als die Sklaverei abgeschafft war, änderte sich die soziale Stellung der Schwarzen im Süden der USA wenig, oft wurde es noch schlechter, denn die rechtliche Freiheit brachte soziale Unsicherheit und Armut. Die Spirituals behielten also ihren aktuellen Bezug, und die Sänger drückten ihr eigenes Leid und ihre Hoffnung aus, dabei zu sein, wenn die Heiligen in den Himmel einziehen, einmal nicht die Tür vor der Nase zugeschlagen zu bekommen: »And when the saints go marching in, I want to be in the number!«
Von dem geistlichen Volkslied ist der Gospelsong zu unterscheiden. Gospel ist das Evangelium, die gute Botschaft, und sie wird singend weitergegeben. Gospelsänger betreiben an Straßenecken, in Hinterzimmern von Gasthäusern, in Gemeindezentren mit ihren Liedern Evangelisation. Meist sind deshalb diese Lieder in ihren Aussagen sehr einfach: »Turn it over to Jesus!« übergib es (dein Leben, aber auch deine Sorge, deine Trauer usw.) Jesus. Da die amerikanische Erweckung anfangs dieses Jahrhunderts eine schwarze Pfingsterweckung war, sind viele der Gospels von dem pfingstlerischen Gedankengut erfüllt: der ganz persönlichen offenbarenden Zuwendung Gottes zum Menschen in Heilung und Gnadengaben. *vis*

Subsidiarität »Subsidium« ist lateinisch, ist die Reserve, die im Hintergrund gehaltene Hilfe. In der katholischen Soziallehre ist mit der Enzyklika (Päpstliches Sendschreiben) »Quadragesimo anno« des Papstes Pius XI. aus dem Jahre 1931 dieses Prinzip entfaltet, das heute in der Bundesrepublik das ganze Sozialleben bestimmt. Ausgangspunkt ist der Einzelne, der sich in seinem Tun entfaltet, dafür muß ihm Gelegenheit gegeben werden, dies ist die Schutzaufgabe der größeren Gemeinschaften. Nur wenn der Einzelne zu der notwendigen Leistung (etwa der Pflege der älteren Menschen) nicht in der Lage ist, treten die Gemeinschaften für ihn ein (Altenheime werden errichtet), doch auch da gilt der Vorrang der kleineren Gemeinschaft vor der größeren, der Vorrang des freien Trägers vor der öffentlichen Hand. Ja, die öffentliche Hand, Stadt oder Staat haben die freien Träger so zu befähigen, d. h. auch finanziell so auszugestalten, daß sie ihre Aufgaben erfüllen können.

Nachdem in der Gleichschaltung der Nazizeit der Staat sich alleiniges Handlungsmonopol angemaßt hatte, übernahmen nicht nur die christlichen Parteien das Subsidiaritätsprinzip. Es wurde zum Maßstab der Sozialgesetzgebung dieses Landes. Kommunen und der Staat geben deshalb, wenn sich ein kompetenter Träger findet, sozial-karikative Einrichtungen an ihn ab.

So ist in unserem Land ein sehr vielfältiges Netz sozialer Werke entstanden. Zwar beklagen die Träger die nicht ausbleibende Konkurrenz, doch kommt sie in einem erweiterten und verbesserten Angebot den Nutzern zugute. Es gibt neben den städtischen Kindergärten und -horten die der Kirchengemeinden und der freien Initiativen, es gibt Stationen der ambulanten Krankenpflege in der Trägerschaft von Städten und Kreisen, aber auch von den Verbänden der freien Wohlfahrtspflege. Negativ wirkt sich dies System nur da aus, wo sich kommerzielles privates Interesse in den Vordergrund drängt, daher nötigt das Prinzip die geldgebende Hand zur wachsamen Kontrolle der sozialen Aktivitäten der Initiativen, Vereine und Verbände. Das Prinzip der Subsidiarität sollte auch innerhalb der Verbände und Kirchen Bedeutung haben. Was eine Gemeinde leisten kann, muß die Landeskirche nicht für sie tun. *vis*

Sünde Kaum ein Wort ist so verschlissen wie das Wort Sünde. Im heutigen Sprachgebrauch kennen wir den »Verkehrssünder«, der mit einem Bußgeld belegt wird, und wer sich im Karnevalslied als »kleines Sünderlein« selbst besingt, der nimmt die Sünde nicht mehr ernst, im Gegenteil, er findet es frivol und spaßig.

Das biblische Gegenwort zur Sünde ist die Gerechtigkeit »Abram

glaubte dem HERRN, und das rechnete er ihm zur Gerechtigkeit« (Gen 15,6). Aus dem Gottvertrauen erwächst für Abram die Gerechtigkeit. Mangelndes Gottvertrauen dagegen zerstört die Gerechtigkeit, ist Sünde.
Sünde ist somit die Beschreibung der Distanz zu Gott, ist die Entfernung von Gott. Durch den Sündenfall entfernten sich der Mensch (Adam) und die Mutter aller Menschen (Eva) von Gott, sie mußten sich verstecken und sie schämten sich vor Gott.
Wenn andererseits Gott die Sünden vergibt, dann stellt er die Nähe wieder her, die Trennung wird aufgehoben. Die Versöhnten nehmen miteinander am Tisch Platz und essen miteinander. So stellt das Abendmahl die Vergebung der Sünde dar und läßt die Nähe zu Gott – und deshalb selbstverständlich auch zu den Menschen – erfahren.
Sünde ist deshalb nicht die verfehlte Tat, der einzelne Verstoß gegen ein Gebot. Die Nichtbeachtung der Gebote Gottes zeigt, daß wir uns von Gott entfernt haben: meist geschah die Entfernung, die Loslösung von Gott aber schon lange zuvor.
So vermag auch jener, der niemals etwas Böses tat, doch der »Gott einen lieben Mann sein ließ«, tief in der Sünde gefangen sein, während aber auch dem Zöllner, der häufig die Gebote übertreten hatte, und der großen Sünderin als Beispiel durch die Liebe Gottes die Gerechtigkeit geschenkt werden kann.
»So halten wir dafür, daß der Mensch gerecht werde ohne des Gesetzes Werke allein durch den Glauben.« (Römer 3,28) *vis*

Sündenbock So wird ein Mensch bezeichnet, dem man zur eigenen oder Entlastung anderer alle Schuld zuschiebt. Dieses Verlagern von Schuldhaftigkeit auf ein Ersatzobjekt ist ein urmenschlicher Vorgang, der schon zeitig Eingang auch ins religiöse Leben gefunden hat.
Bei religiösen Zeremonien wird die Schuld, die Sünde, die Unreinheit eines einzelnen oder mehrerer, eventuell der ganzen Volksgemeinschaft, auf einen Menschen oder ein Tier übertragen, manchmal sogar auf einen Gegenstand – wie in Borneo auf ein Boot. Dieses

mit dem Bösen beladene Wesen wird aus der Gemeinschaft entfernt und trägt dabei die Sünde mit sich fort. Der einzelne, die Gruppe oder das Volk werden so frei von ihrer Schuld, wieder rein und heil.
Im Alten Testament spielt bei solcher Entsündigung der Ziegenbock eine besondere Rolle. Einmal konnte man Gott einen Bock als Entsündigungstier opfern. Zum anderen gab es eine ganz bestimmte Zeremonie am sogenannten Versöhnungstag, bei der einem Bock stellvertretend für das ganze Volk dessen Schuld aufgebürdet wurde.
Der Hohepriester legte bei dem Ritus dieses »Sühnungstages« als Repräsentant des ganzen Volkes einem Bock die Hände auf den Kopf, offenbarte die Vergehen des Volkes Israel und ließ ihn nach diesem Schuldbekenntnis, das die Sünden des Volkes dem Tier auflud, in die Wüste jagen.
Dort in der Wüste wohnte nach der Vorstellung des 3. Buches Mose (16. Kapitel), Asasel, wohl der Inbegriff des Bösen und Teuflischen. So wurde »der Sündenbock« »in die Wüste geschickt« oder »zum Teufel gejagt«. Er trug dabei die Verfehlungen der Menschen hinweg. Der Sündenbock hatte seine Aufgabe erfüllt. *mf*

Symbol Das ist eine Szene aus einem Kriminalfilm: Eine Hundertdollarnote wird zerrissen, die beiden Abrisse werden zu Erkennungszeichen (Chinesen benutzen zerbrochene Münzen), ist der Auftrag erfüllt, weisen sich die Bevollmächtigten mit den Abrissen aus, die Scheinteile passen zusammen. Das ist das Symbol: das Erkennungszeichen, das Zeichen der Bevollmächtigung, der Vertrag.
In der theologischen Sprache aller Kirchen ist das Symbol das Bekenntnis, also die Glaubensbekenntnisse der alten Kirche wie das apostolische und das nicäische, wie auch die Bekenntnisschriften der getrennten Kirchen wie das Augsburger Bekenntnis. An dem Bekenntnis erkennt man den Mitchristen, im gemeinsamen Sprechen des Textes vollzieht man die Gemeinschaft. Doch nennt die alte Kirche auch Ritus, gottesdienstliches Gerät und Bilder Symbol.

Ein frühes Zeichen, ein Symbol der Zugehörigkeit zu Christus war der Fisch, griechisch »Ichthys«. Dieses Wort ist gebildet aus den griechischen Anfangsbuchstaben des Bekenntnissatzes: Jesus (I), Christus (Ch), Gott (Th), Sohn (Y) ist der Retter (S). Das Symbol ist ein Zeichen, aber es geht in dem Zeichen nicht auf, sondern hat eine Bedeutung, die nur der Eingeweihte kennt, die aber dem Fremden entgeht. In diesem Sinn sind viele Zeitgenossen nicht mehr in der Lage, die mittelalterliche Bildsymbolik und den symbolischen Gehalt heutiger Liturgie zu verstehen und zu erleben. Der Eingeweihte jedoch erlebt im Symbol die Teilnahme an dem Heiligen selbst, somit ist das Symbol selbst auch Gegenstand der Verehrung. Andererseits überschreitet der Gehalt des Symbols stets das Zeichen selbst, ja sein offenbarender Charakter zerbricht das Symbol. Es ist das Symbol eine Manifestation des Heiligen. Dies wird im Symbol des Kreuzes deutlich. Das Kreuz ist ein barbarisches Hinrichtungsgerät, als Zeichen erinnert es an den Opfertod Jesu. Da Gott ihn aber zum Leben erweckt hat, wird es zum Zeichen des Lebens. Das Handeln Gottes von oben durchschneidet als Senkrechte die Waagerechte unseres irdischen Lebens. Indem der Gläubige sich bekreuzigt, also unter dem Kreuz Jesu steht, stellt er sich unter den Schutz des Gottes des Lebens. *vis*

Synode Sie ist eine Zusammenkunft von Christen, in der die Einheit der Gemeinden in der einen Kirche deutlich wird. Biblisches Vorbild dazu ist das Apostelkonzil in Jerusalem, wo sich Vertreter der Jerusalemer Urgemeinde und der paulinischen Missionsgemeinden trafen und die gemeinsame künftige Ausrichtung der Kirche festlegten. So macht die Kirche bis in die Neuzeit sprachlich oft keinen Unterschied zwischen Konzilen und Synoden.

In der Reformation wurde zwar der Gedanke einer synodalen Verfassung der Kirche aufgegriffen, aber er ist lediglich in unterschiedlicher Weise von den Reformierten verwirklicht worden: So gab es Ämtersynoden (Pfarrer, Presbyter, Diakone), die Leitung wurde von jeder Versammlung bestellt als Moderatorium. 1572 wird eine Ordnung verwirklicht, die einen synodalen Kirchenaufbau vor-

sieht: örtliche Consistorien, halbjährlich tagende Provincial-Synoden und die Generalsynode.
In den anderen evangelischen Kirchentümern erweckte erst wieder Schleiermacher zu Beginn des 19. Jahrhunderts die Idee einer synodalen Kirchenverfassung. Doch erst mit dem Ende des landesherrlichen Kirchenregiments (der Fürst war der oberste Bischof seines Gebietes) schlägt die Stunde der Synode. Heute haben alle deutschen evangelischen Kirchen eine synodale Verfassung. In den Synoden treten Geistliche und Laien zusammen, um durch Wahl die wichtigsten Ämter der Kirche zu besetzen, um durch eigene Gesetze die Kirche zu organisieren und die finanziellen Bedingungen der Kirche durch die Haushaltsgesetze abzustecken. Meist gehört die Kirchenleitung im Sinne demokratischer Gewaltenteilung selbst nicht der Synode an, jedoch hat sie in einigen Landeskirchen die Möglichkeit, die Synode aufzulösen. Die Synoden sind an die Bekenntnisse der Kirche gebunden, zugleich haben sie dennoch für die Fortschreibung der Bekenntnisse in die Aktualitäten hinein zu sorgen.
Neben den amtlichen, institutionalisierten Synoden gab es und gibt es »Bekenntnissynoden«, wie die Barmer Bekenntnissynode von 1934, die – herausgefordert durch die Deutschen Christen – zusammentrat und eine Antwort wagte, der Bekenntnischarakter eignete.

vis

Talar und Beffchen »Wer fürchtet sich vorm schwarzen Mann?« hieß ein Spiel meiner Kindheit. Antwort: »Niemand!« In der Tat, man hat sich an die Amtstracht des evangelischen Pfarrers gewöhnt und damit an die trübselige Befangenheit und unevangelische Feierlichkeit, die die schwarze Farbe bei dem Mann hervorruft, der den Gott verkündigen soll, »der da hieß das Licht aus der Finsternis hervorleuchten« (2. Korinther 4,6). Eine Perversion?
Das kleine weiße Beffchen, ein Rudiment der spätbarocken Hemdkragen, ist leider das einzige weiße Hoffnungssignal, das darauf hinweist, daß nach der Bibel allein das »weiße Kleid« Zeichen und Ausdruck des durch Christus neu geschenkten unbefleckten Lebens ist

Aber Kind, das ist doch nicht der schwarze Mann, das ist der Herr Pfarrer!

(vgl. Matthäus 17,2; 22,11. Offenbarung 3,7f.; 4,4 usw.). Wie lange soll es in der evangelischen Kirche noch bei dieser das Leben verneinenden Traurigkeit pastörlicher Amtstracht bleiben? Ist etwa die Angst vor Rekatholisierungstendenzen, wie man mitunter lesen kann, so groß?
Der schwarze Talar wurde übrigens in Hessen erst im Jahr 1835 eingeführt. Seine Entstehung geht zurück auf eine Kabinettsorder des Königs von Preußen aus dem Jahr 1811, in welcher all denen der Talar verordnet wurde, die keine althergebrachten liturgischen Gewänder mehr trugen und es gewagt hatten, im Alltagsanzug oder gar im »Negligé« Gottesdienst zu halten. Das war gut gemeint und sollte dem durch Aufklärung und Pietismus entstandenen Verfall der Sitten steuern. In Wirklichkeit aber wurde durch den aus der »Schaube«, dem Gelehrtenmantel der Renaissance entwickelten Talar, den in Preußen in derselben Form auch Professoren und Richter tragen mußten, nur offiziell bestätigt, daß der evangelische Gottesdienst zu einer Lehrveranstaltung herabgesunken war.
Heute wissen wir »Gott sei Dank« wieder etwas von den festlichen Feiern des Volkes Gottes. Zur Feier gehören aber nicht nur Musik und der entsprechende Raum, sondern auch Form und Farbe und das festliche Kleid. Diese psychologische Einsicht läßt uns darum erneut nach dem weißen Chorrock und der den Farben des Kirchenjahres entsprechenden farbigen Stola fragen, die in evangelischer Freiheit bereits in manchen Gemeinden benutzt wird. *kh*

Taufe Durch sie wird man Mitglied in der christlichen Kirche. Selbst wer aus seiner Kirche austritt, bleibt »Glied am Leib Christi«, allerdings nicht Mitglied der organisierten Kirche. Alle christlichen Kirchen haben die Taufe und erkennen sie in der Regel gegenseitig an. Daher ist die Taufe ein wichtiges Zeichen für die Einheit der Christen.
Zum rechtmäßig vollzogenen Sakrament der Taufe gehören das Wasser und die Taufformel: »Ich taufe dich auf den Namen des Vaters und des Sohnes und des Heiligen Geistes.« Das Wasser ist das äußere Zeichen, die Taufformel das hinzutretende Wort.

Weitere wesentliche Bestandteile einer Tauffeier in der evangelischen Kirche sind heute: die Taufansprache, der Taufbefehl nach Matthäus 28, der Bericht von der Segnung der Kinder nach Markus 10, die Tauffragen an Eltern und Paten und ihr Taufversprechen, das Glaubensbekenntnis und das Vaterunser.
»Taufen« als Reinigungsbad von Sünden kennt man in vielen Religionen. So ist auch die Taufpraxis des Johannes im Jordan zu verstehen, von der das Neue Testament (NT) berichtet. Jesus selbst hat sich taufen lassen. Auch sonst wird die Taufe im NT häufig erwähnt. Ursprung der christlichen Taufe ist die Bibel. Anfangs hat es in der Kirche sicherlich nur die Erwachsenentaufe gegeben. Aber seit dem 3. Jahrhundert setzte sich dann die Säuglingstaufe durch. Über ihre Rechtmäßigkeit wurde und wird im Protestantismus gestritten.
Die Befürworter der Erwachsenentaufe argumentieren so: Die Bibel kenne keine Säuglingstaufe. Der Mensch müsse erst von Christus hören und lernen und sich im Glauben zu ihm bekennen, bevor er sich taufen lassen könne.
Schon Luther hat als Anhänger der Kindertaufen dagegen eingewandt: Der Glaube dürfe nicht zur Vorbedingung für die Taufe gemacht werden. Denn Christus ist für alle Menschen gestorben und auferstanden. Wenn die Taufe Anteil an der Gnade Gottes schenke, dann dürfe man Kinder davon nicht fernhalten, indem man ihnen die Taufe verweigere.
Kindertaufe kann nur sinnvoll sein, wenn eine entsprechende Unterweisung im Christsein folgt. Die Kirche macht deshalb vielfältige Angebote: Konfirmanden- und Religionsunterricht, Kinder-, Jugend- und Familienarbeit und vieles mehr. *gw*

Teufel Keine Religion kommt ohne die Personifikation des Bösen aus, der meist als ein Herrscher im Reich der Dämonen auftritt. Es ist nur die Frage: Wie steht dieser Böse Gott gegenüber und wie verhält er sich den Menschen gegenüber? Dualistische Religionen sehen die Welt oft entstanden und in der Geschichte weitergetrieben durch den Kampf des Guten gegen das Böse. Hier ist der Teufel eine Macht von gleicher Kraft und Macht und Ewigkeit wie der gute

Gott. Streng monotheistische Religionen wie das Judentum, das Christentum und der Islam können dem Teufel nur eine Gott unterworfene Rolle und Bedeutung zubilligen. So gehört der Teufel zum himmlischen Hofstaat, und nur weil Gott ihn gewähren läßt, kann er, um den Menschen zu prüfen, in den engen Grenzen, die Gott für sein Wirken zieht, tätig sein. Ja, er muß im Auftrag Gottes wirken, wenn er die Könige Israels und Judas als Ungeist verführt und damit der von Gott gewollten Strafe zuführt. Es kann der Teufel auch als der Verkläger des Menschen im Jüngsten Gericht verstanden werden, dem wir nur gegenübertreten können, wenn wir einen mächtigeren Verteidiger haben, und dieser ist für uns Jesus Christus.
Der Teufel kann auch als ein gestürzter Engel verstanden werden. Wie der Mensch durch seinen Ungehorsam zum Sünder wurde, so stürzte der rebellierende Engel aus dem Himmel und wurde zum Teufel. Daneben gibt es auch das Bild des aus dem Himmel gestürzten Teufel, dessen Macht durch Jesus Christus gebrochen ist.
Als der Teufel Jesus nach dessen Taufe und der göttlichen Anerkennung als Sohn in Versuchung führt, schlägt Jesus diesen Angriff der Bosheit gegen den Heilsweg Gottes zurück und der Teufel muß weichen. Nach dem Lukasevangelium kehrt er erst zum Verrat durch Judas Ischarioth zurück und zerbricht daran, weil Gott durch die Auferweckung des Gekreuzigten diesen teuflischen Plan zunichte macht.
Die Götter überwundener Religionen werden in der Missionspredigt zu Teufeln. So überlebt in dem Teufelsglauben überwundenes Heidentum. Es nimmt deshalb nicht Wunder, daß Menschen, so wie andere ihr Leben Gott weihen, sich dem Teufel verschreiben und davon Vorteile für das Leben erhoffen. Doch sie öffnen damit ihr Leben nur dem Bösen, das im Menschen und in der Gesellschaft zu Hause ist und verzichten auf den Schutz, den der Glaube an Jesus Christus und der Gehorsam gegen die Gebote darstellt. *vis*

Theologie des Kreuzes Ein auffälliger Unterschied zwischen den christlichen Konfessionen ist die Bewertung des Karfreitags. In der römisch-katholischen Kirche ist es der einzige Tag, an dem kein

Meßopfer vollzogen werden kann. Im Empfinden der katholischen Bevölkerung ist deshalb der Karfreitag gar kein Feiertag und wird gern zur Haus- und Gartenarbeit benutzt. Früher kam es vor, daß an diesem Tag gegenüber den evangelischen Nachbarn demonstrativ die Teppiche geklopft wurden, wie umgekehrt sich die Protestanten mit ähnlichem Tun am Fronleichnamstag hervortaten. Im Englischen heißt Karfreitag »Good Friday«, eine besondere Beachtung wird ihm nicht zuteil. Dagegen werden Lutheraner den Karfreitag für den wichtigsten Feiertag des Kirchenjahres halten. Das hat mit der Theologie des Kreuzes, »theologia crucis«, zu tun, wie sie Martin Luther formuliert und ausgestaltet hat.

Zentrales Heilsgeschehen ist der Tod des Heilands am Kreuz, hier ist die Erlösung für jeden einzelnen Christen geschehen. Demgegenüber ist Ostern (zentrales Fest der orthodoxen, aber auch der römisch-katholischen Kirche) nur die Bekräftigung der Heilswirkung des Kreuzestodes, zugleich eine Verheißung für alle Christen.

Mit den Möglichkeiten der menschlichen Erfahrung ist uns nur das Kreuz erkennbar, die Auferstehung kann mit der Geschichtswissenschaft weder erkannt noch erwiesen werden, sie entzieht sich der Geschichte. Das Kreuz aber wird das Schicksal der Christen sein, die sich auf den Weg der Nachfolge Jesu machen. Die Auferstehung aber bleibt Verheißung.

Christliche Konfessionen wie die Pfingstkirchen betonen die Gegenwart der Auferstehung. Der Christ ist jetzt schon durch den Tod hindurchgeschritten. Das Lied »We shall overcome« – wir werden hindurchkommen – wird von ihnen abgelehnt und verändert: »We have overcome« – wir sind schon hindurchgekommen. Ostern steht nicht mehr bevor, sondern liegt schon hinter uns.

Nun konnte Luther gegen solche Lehre in seiner Zeit, er nannte sie »Schwarmgeisterei« einwenden, daß das gegenwärtige Leben sehr wohl noch erlösungsbedürftig sei. Wir sind noch nicht durch den Karfreitag hindurch. Die Auferstehung liegt nicht hinter uns, sondern sie ist immer noch vor uns. Dies können auch die theologisch Andersdenkenden nicht leugnen. Doch in ihrer – im Gegensatz zur »theologica crucis« entwickelten »theologia gloriae« (Theologie des

Ruhmes) – ist der Ruhm bereits gegenwärtig, die Auferstehung geschieht nicht ins individuelle Leben, sondern in die Kirche, in die triumphierende Kirche hinein. Die Kirche ist die Darstellung der Auferstehung. In den gotischen Kathedralen fand dies sichtbare Gestalt. Für Luther aber gehört die Kirche zu der Welt, die Gottes Zuspruch der Rechtfertigung braucht. *vis*

»Tochter Zion« »Du, Tochter Zion, freue dich sehr, und du, Tochter Jerusalem, jauchze! Siehe, dein König kommt zu dir, ein Gerechter und ein Helfer, arm und reitet auf einem Esel, auf einem Füllen der Eselin« (Sacharja 9,9).

Eigentlich gehörte dies Prophetenwort zum Sonntag Palmarum, dem Sonntag vor Karfreitag und Ostern, an dem im Gottesdienst das Evangelium vom Einzug Jesu in Jerusalem gelesen wird. Dieser Evangelientext ist auch dem 1. Advent zugeordnet, dadurch ist Sacharja 9,9 zu einem adventlichen Text geworden. Eine Neuordnung der Lese- und Predigttexte, die seit 1978 gültig ist, hat dem Rechnung getragen. Dazu mag beigetragen haben, daß die Zeilen mit der Melodie Händels schon lange zur Adventszeit gehören.

Zion ist der Name des Hügels, auf dem die Stadt Jerusalem lag, die David von den Jebusitern eroberte und zu seiner Hauptstadt machte. Der Hügel liegt südlich des heutigen Tempelplatzes. König David und Zion gehörten fortan zusammen. Und in der Zeit, da es Israel schlimm erging und die Einwohner Jerusalems verbannt an den Wassern Babels weinten (587–538 v. Chr.), meldete sich mit dem Stichwort »Zion« die Hoffnung auf Rettung und Rückkehr in die Heimat.

Unter dem Stichwort »Zionismus« sammelte sich seit Ende des letzten Jahrhunderts, als die Juden verstärkten Antisemitismus erlitten, eine Gruppe, die die Rückkehr nach Palästina betrieb, was 1948 zur Gründung des Staates Israel führte. »Tochter Zion« und »Tochter Jerusalem« meinen dasselbe. Hier ist keine bestimmte Person weiblichen Geschlechts und auch nicht der erwähnte Hügel gemeint, sondern die Bevölkerung Jerusalems – männlich und weiblich, wie sie am Rande der Straße stand, als Jesus einzog in die heilige Stadt

Israels, in der er sein Leben lassen würde am Kreuz zum Heil der Menschen. *vis*

Tradition Alles, was die Generationen verbindet, ist Tradition: Sitte, Brauchtum, Ritus und Liturgie gehören dazu, vor allem aber auch Lieder, Spruchweisheit und Geschichten. Ohne Tradition auskommen zu wollen, erweist sich – nicht zuletzt wegen der Begrenztheit des menschlichen Lebens – als Illusion. Dennoch suchen Reformationen und Revolutionen mit Traditionen zu brechen, die als Hemmnisse für die Befreiung erscheinen. So sieht sich die Aufklärung berufen zum Kampf gegen Traditionen. In diesem Sinne hat die Reformation die Traditionen der Kirche beseitigen wollen, die die Begegnung mit der Offenbarung verhinderten, so muß die lateinische Bibel verschwinden, damit die Begegnung mit der Offenbarung Gottes, wie sie in der Bibel berichtet wird, wieder möglich sein kann, deshalb fällt auch die Fremdsprache als liturgische Sprache im Gottesdienst weg und wird durch die Landessprache ersetzt. Traditionen, die sich nicht auf eine biblische Begründung berufen können, werden beiseite geräumt. Im Widerspruch zur Reformation hat die römisch-katholische Kirche in ihrer Lehre der Tradition selbst einen offenbarenden Charakter zugesprochen.
Ursprünglich geschieht die Tradition mündlich. Die Tradition im Sinne der Überlieferung an die nachfolgende Generation ist im Judentum ausdrücklich den Eltern zur Verpflichtung gemacht: »Du sollst sie deinen Kindern einschärfen und davon reden, wenn du in deinem Hause sitzt oder unterwegs bist, wenn du dich niederlegst oder aufstehst.« (5. Mose 6,7) In der jungen Christenheit geschieht die Traditionsvermittlung im Taufunterricht, der den Jüngern durch den zum Himmel fahrenden Herrn zur Verpflichtung gemacht wird: »Und lehret sie halten alles, was ich euch befohlen habe.« (Matthäus 28,20) Oft unterlag die Tradition – so wohl auch die Lehre des Taufunterrichts – der Arkandisziplin, der Anfänger des Glaubens wird in den Lehrstücken unterwiesen, doch ist er verpflichtet, gegenüber Dritten Stillschweigen zu wahren. In den Hochreligionen tritt, ohne die mündliche Tradition aufzugeben, die

schriftliche Tradition in den Vordergrund. Dabei wird zur entscheidenden Frage, welche Schriften zum Kanon der Offenbarungsgeschichten gehören sollen und welche ausgeschlossen werden. *vis*

Trinität Jeder christliche Gottesdienst beginnt im Namen Gottes, des Vaters und des Sohnes und des Heiligen Geistes. Kein Sakrament wird ausgeteilt, ohne daß die Dreieinigkeit, die Dreifaltigkeit, die Trinität genannt wird.

Nach diesen drei Personen der einen Gottheit gliedern sich unsere Glaubensbekenntnisse: Die erste Person der Trinität ist der Schöpfer, die Quelle des Lebens, der Gott, der Israel erwählte und durch die Wüste in die Freiheit führte. Doch noch bis auf diesen Tag bleibt er als Gott der Geschichte wirksam. Luther hat in seiner Erklärung des ersten Artikels auf ihn als lebenserhaltende Kraft hingewiesen. Väterliches und Mütterliches sind in ihm vereint. Die zweite Person der Trinität ist Jesus Christus, der Mensch gewordene Gott, der Liebe lebt und Unrecht leidet, der heilt und Heil bringt. Am Kreuz sterbend wird er Erlöser aller Menschen. Er verwirklicht die geschwisterliche Liebe Gottes zu den Menschen. Er ist der Sohn Gottes, wir sind Gottes Kinder. Man kann ihn nicht von Gott trennen: Er wird kommen und Gericht halten über die Lebenden und die Toten. Die dritte Person der Trinität ist der Heilige Geist, der ist Gottes Wirkkraft in den Propheten, in der Predigt der Kirche, im Trost des Nächsten. Durch ihn ist Verständigung unter den Menschen über alle Grenzen hinweg möglich. Er verwandelt ängstliche Menschen in mutige Apostel ihres Herren.

Viel theologische Kraft hat die Kirche einst darauf verwendet festzuhalten, daß die Drei eins sind. Es wurde bestimmt, in welchem Verhältnis sie zu einander stehen, dabei ist der Gedanke einer Rangordnung von Gott, dem Vater, über den Sohn hin zum Heiligen Geist als eine Subordination aufgegeben worden zugunsten der Betonung der Einheit.

Ein besonderes Problem des Verstehens ist die Wandlung des Personbegriffes, der einst die Theatermaske meint, wobei sich hinter verschiedenen Masken ein Darsteller verbarg. Heute aber meint

Person im Gegensatz dazu das unteilbare Individuum, das einzelne Wesen. Ähnliche Veränderungen gab es auch beim Naturbegriff, der für die Bestimmung der Trinitätslehre wichtig war.
Bei allen Versuchen, die Trinitätslehre zu verstehen, darf das zweite Gebot vom Sinai nicht vergessen werden, welches verbietet, sich von Gott ein Bild, eine Vorstellung zu machen. *vis*

Vaterunser Nach den Evangelien des Matthäus und Lukas hat Jesus seine Jünger zu beten gelehrt, und zwar das Vaterunser. Vieles spricht dafür, daß der Text aus dem Aramäischen stammt, jener Sprache, die Jesus und seine Jünger miteinander sprachen. Als ein Sieben-Bitten-Gebet unterscheidet es sich vom »Viel Plappern der Heiden« wie auch von dem Achtzehnbittengebet der Juden. Dieses Gebet muß zur Zeit Jesu bereits gebetet worden sein, denn als am Ende des 1. Jahrhunderts eine weitere Bitte hinzugefügt wurde, blieb es bei dem Namen Achtzehnbittengebet.
Das Siebenbittengebet stellt demgegenüber eine Straffung dar. Es bietet in den Bitten nichts, was nicht auch ein frommer Jude mitbeten könnte. Gott wird als der Vater der Betenden angeredet, daß er im Himmel ist, zeigt, daß er der menschlichen Verfügung entzogen ist. Die Heiligung des Namens Gottes findet sich vielfältig in der jüdischen Gebetsliteratur: So wird der Wunsch vorgetragen, daß jeglicher Mißbrauch des Namens Gottes gewehrt werden möge. Daß das Reich, das mit Jesus bereits angebrochen ist, wirklich zu uns kommen möge – und zwar universal im Himmel und auf Erden. Das tägliche Brot, die alltägliche Versorgung wird erbeten, ebenso wie die Vergebung der Schuld, wie auch wir unsern Schuldnern die Schulden uns gegenüber erlassen. Im Aramäischen ist Schuld und (Geld-)Schulden ein Wort. Daß Gott die Versuchung abwenden möge und der Macht des Bösen ein Ende setzen möge, erbittet die letzte Bitte. Abgeschlossen wird das Gebet, wie es üblich war, mit einem Lobpreis Gottes (Doxologie).
Das Gebet wurde bei den Christen – wie bei den Juden das »Höre Israel« und das »Achtzehnbittengebet« – bei den dreimaligen Gebetszeiten benutzt. In dem Gottesdienst findet es an unterschied-

lichen Stellen Verwendung. In der römischen Meßliturgie gehört es zu dem Meßkanon als ein Bereitsgebet vor der Kommunion. Für Luther war es nach der Predigt denkbar. In vielen evangelischen Liturgien folgt es auf das Fürbittegebet vor dem Schlußsegen. *vis*

»Vergelt's Gott!« Es gibt Worte in unserer Sprache, die nicht nur eine mehrfache, sondern sogar eine gegensätzliche Bedeutung zu haben scheinen. Immer wieder kann man auch feststellen, daß zu bestimmten Zeiten eine Bedeutung im Sprachgebrauch überwiegt. Das gilt wohl auch für das Wort »vergelten«.

Vergelten, Vergeltung, das erinnert zunächst an Krieg und Grausamkeit. Für Böses revanchiert man sich mit Bösem, man übt Vergeltung. Bei diesem Verständnis geht uns aber das Wissen verloren, daß das Wort »Vergeltung« früher gern auch in anderer Bedeutung verwendet wurde: als Lohn für eine Arbeit oder einen Freundschaftsdienst oder als Belohnung Gottes für die, die treu zu ihm halten. In der Luther-Bibel ist Vergeltung das, was Gott den Menschen (gerecht) zumißt, wenn er ihr Verhalten beurteilt.

Vor allem im Alten Testament gibt es viele Geschichten, die davon berichten, was Menschen aufgrund ihres Verhaltens geschieht, wie es ihnen vergolten wird. Es kann Gutes, aber auch eine Strafe sein. Eine dieser Geschichten ist die von Daniel in der Löwengrube.

Der Judäer Daniel war ja von den Babyloniern nach Babel entführt worden. Hier machte er wegen seiner Klugheit Karriere und sollte von König Darius zu einem der drei königlichen Bevollmächtigten ernannt werden, denen die 120 Statthalter unterstanden. Mißgünstige Konkurrenten, die wußten, daß er als frommer Jude regelmäßig zu seinem Gott betete, luchsten dem König daraufhin ein Gesetz ab. Danach wurde es für die nächste Zeit unter Strafe gestellt, eine Bitte oder ein Gebet an irgendeinen Gott oder Menschen außer dem König zu richten. Daniel betete trotzdem wie üblich bei offenem Fenster und wurde in die Löwengrube geworfen. Wir kennen die weitere Geschichte: ein Engel bewahrte ihn, der König war erleichtert und ließ die Denunzianten samt ihren Familien nun ihrerseits in die Löwengrube werfen, die Löwen zermalmten ihre Gebeine. Da-

Vergelt's
Gott, junger
Mann...

niel in der Löwengrube, eine biblische Geschichte nicht nur von der wunderbaren Bewahrung eines Menschen in Not, sondern auch von der Vergeltung einer Missetat.
Wie schön aber auch, daß sich das Wort vergelten im deutschen Sprachraum auch in einer viel freundlicheren Form erhalten hat. »Vergelt's Gott!«, sagt man da statt »Dankeschön« für eine Freundlichkeit, die einem widerfahren ist. Nicht nur freundliche Floskel könnte es sein, sondern der ehrliche Wunsch, die Bitte, Gott der Gerechte möge für Belohnung sorgen. *jt*

Vikar Vicarius ist der lateinische Ausdruck für den Stellvertreter. In diesem Sinne wird das Wort in der römischen Kirche bis auf den heutigen Tag bis in die höchsten Ränge kirchlicher Hierarchie gebraucht. So ist der Papst vicarius Petri beziehungsweise Christi.
In der evangelischen Kirche ist ein abweichender Sprachgebrauch zu beobachten. Vikar/Vikarin werden junge Theologen genannt, die ihr erstes Examen gemacht haben und nun in die zweite Phase ihrer Theologenausbildung in Seminar und Gemeinde eintreten. Sie dürfen in dieser Zeit unter der Leitung ihrer Lehrpfarrerin/ihres Lehrpfarrers alle Funktionen eines Pfarrers wahrnehmen, und am Ende ihrer Lehrzeit müssen sie ihn auch tatsächlich für die Dauer eines Monats ganz vertreten. Da sind sie dann wirklich Vikare. Dennoch ist Vikar/Vikarin bei uns nicht ihre offizielle Amtsbezeichnung, korrekt tragen sie den Titel »Pfarramtskandidat/in«, denn mit ihrer Ausbildung kandidieren sie für das Pfarramt. Doch erweist sich der Ausdruck für das gemeindliche Alltagsleben, an dem sie unterbrochen von Wochen im Theologischen Seminar zweieinhalb Jahre teilnehmen, als zu umständlich, zumal eine Verwechslung mit den »Kandidaten der Theologie« – dies sind die Studenten, die vor dem ersten theologischen Examen stehen –, nicht ausgeschlossen werden kann. Dagegen tragen Theologen, die ihr zweites theologisches Examen bestanden haben, ihre Zeit als Pfarramtskandidaten und ein Spezialpraktikum von einem halben bis ganzen Jahr nach eigener Wahl hinter sich haben, den Titel »Pfarrvikar/in«. Sie verwalten eine Pfarrstelle oder eine kleinere Pfarrvikarsstelle, sie sind

ordiniert und werden deshalb auch mit Recht in den Gemeinden als Pfarrer angesprochen, auch wenn ihnen wiederum dieser Titel erst nach weiteren zweieinhalb Jahren verliehen wird. Damit ist dann das Recht verbunden, sich auf eine freie Pfarrstelle zu bewerben und zu ihrem Inhaber gewählt zu werden. *vis*

Volkskirche Dieser Begriff hat teil am geschichtlichen Wandel des Begriffs vom Volk. Die junge Christenheit begriff sich als Volk des Reiches Gottes, das war mehr als nur »Einwohnerschaft«, das nahm den Erwählungsgedanken des alttestamentlichen Bundes auf und schuf mit der Vorstellung des neuen Bundes Israels einen Konkurrenzbegriff zum Volk Israel. Als nun der christliche Glaube nach dem römischen Kaiser Konstantin nicht mehr verfolgt, die Kindertaufe unter Justinian zur verpflichtenden Voraussetzung zum Bürgerrecht wurde, da war eine Staatskirche geschaffen. Alle Vollbürger eines Staates gehören der einen Kirche an, Angehörigen anderer Religionen und Konfessionen werden weniger Rechte zugebilligt und höhere Pflichten auferlegt.

Im Westen hält die Kirche die Idee des römischen Reiches hoch, ist im Mittelalter eine die Nationalstaaten übergreifende universelle Kirche. Dagegen entstehen im zerfallenden byzantinischen Reich Nationalkirchen, die dann unter moslemischer Oberherrschaft bei Griechen, Serben, Bulgaren, Träger des Volkstums werden.

Mit der Reformation zerbricht die Einheit der Kirche auch im Westen. Mit dem Grundsatz, daß der Herrscher die Religion in seiner Herrschaft für alle seine Untertanen bestimmt, wird aber für die einzelnen Territorien eine einheitliche Konfessionalität gewahrt. Angehörige anderer Bekenntnisse verlieren ihre Bürgerrechte und werden häufig zur Auswanderung gezwungen. Mit dem Ende des Dreißigjährigen Krieges wird die Konfessionalität eines Gebietes festgeschrieben, sie ändert sich nun auch beim Herrscherwechsel nicht mehr. Alle Einwohner (manchmal mit Ausnahme des Herrscherhauses und der jüdischen Beisassen) gehören einer Kirche an. Doch ist nichts über den persönlichen Glauben und die Teilnahme am kirchlichen Leben gesagt, soweit diese nicht überhaupt mit

Zwangsmaßnahmen (Geldstrafen fürs Fehlen beim Gottesdienst) erzwungen wurde. Der inneren Entfremdung in einer solchen Volkskirche wollte die »innere Mission« begegnen.
Der Begriff des Volkes gewinnt seit der Romantik immer positivere Gewichtung und mehr inhaltliche Bestimmung. Das Volk wird zum mythischen Träger der Nationaleigenschaften bestimmt durch Boden und Blut, Sprache und Kultur. Die Volkskirche ist nun keine Staatskirche mehr, sondern Volkskirche ist der Gegenbegriff zur Obrigkeitskirche. Es waren damit große Hoffnungen verbunden, und so erhofften große Teile der evangelischen Kirche in Deutschland von der völkischen Bewegung eine innere Erneuerung der Kirche – und fiel damit den deutschen Christen der Nazis in die Hände. Die Bekennende Kirche erkennt im Barmer Bekenntnis, daß dem Volk kein Offenbarungscharakter zukommt und daß es sich vom völkischen Staat seine Ordnung nicht vorschreiben lassen kann, wenn es dem einen Herrn, Gott, dienen will.
Heute ist der Begriff »Volkskirche« kaum noch inhaltlich gefüllt. Zur Volkskirche gehören die Kirchensteuerzahler, während die Mitglieder der Freikirchen ihre Kirchen mit Spenden (meist in höheren Summen als bei dem Kirchensteuersatz) erhalten. Theologen, die sich der Volkskirche verpflichtet fühlen, nehmen neben den eigentlichen christlichen Anliegen auch die gesellschaftlichen und allgemein menschlich bedingten religiösen Bedürfnisse wahr, ohne sie sogleich als Missionsangelegenheit zu nutzen. *vis*

Wunder In der altarischen Sprache des Sanskrit, in der das Wissen Indiens aufgeschrieben ist, heißt Wunder »das worüber man ›aah‹ sagen muß!«, was den Menschen unwillkürlich Zeichen der Verwunderung ausstoßen läßt. So vielfältig menschliches Verwundern ist, so verschiedenartig sind auch die Wunder, von denen in den Religionen die Rede ist.
Die biblischen Wunder sind Zeichen der Wirksamkeit Gottes. Sie zeigen an: Hier ist Gott anwesend. Sie bestätigen Männern und Frauen in ihrer besonderen Berufung von Gott, diese Menschen handeln in seinem Namen. Sie zeigen an, was Gott will; die Zu-

kunft, die Gott mit den Menschen vorhat, ist seine Herrschaft und nicht die Macht der Dämonen, deshalb werden diese ausgetrieben, ist Heil und nicht Unheil, deshalb werden Kranke geheilt, ist Leben und nicht Tod, deshalb werden Tote auferweckt. Lukas liegt viel daran zu zeigen, daß mit Jesu Himmelfahrt die Zeit der Wunder nicht vorbei ist, sondern daß Juden- und Heidenchristen in gleicher Weise in der Lage sind, die Zeichen der Herrschaft Gottes zu tun. Dies ist eine wichtige Botschaft seiner Apostelgeschichte. Heute sieht man die Wunder häufig in der Durchbrechung der Naturgesetze, aber die waren zur Zeit der Bibel noch gar nicht bekannt, also kann es auch nicht in der Absicht der Erzähler gelegen haben, Gott als den Durchbrecher der Naturgesetze darzustellen. Bei einigen Wundererzählungen, Heilungen und Dämonenaustreibungen sind wir heute durchaus in der Lage, das Wunder zu erklären, und dennoch ist unser Verwundern geweckt. Es ist doch auch ein Zeichen der Macht und der Liebe Gottes, wenn er in den Naturgesetzen die Möglichkeit zu Heil und Leben schafft.

Der Glaube sucht nicht das Wunder, sondern der Glaube zielt auf Gott, für dessen Macht das Wunder ein Zeichen ist. Deshalb glaubt der Glaube die Wunder nicht, muß sie nicht für wahr im Sinne von real geschehen annehmen. Sondern der Glaube glaubt Gott und vertraut seiner Macht, die freilich grenzenlos sein muß, auf keinen Fall eingegrenzt sein kann auf die immer begrenzten Erkenntnisse der Naturgesetze durch den Menschen. *vis*

Zungenrede Zu den Gaben des Heiligen Geistes zählt Paulus im 1. Korintherbrief (12,10) auch die verschiedenen Arten der Zungenrede und die Gabe, sie auszulegen. Sie gehört zu den Gaben, die aufhören, so sagt Paulus im 13. Kapitel desselben Briefes. Im 14. Kapitel stellt er sie dann hinter die prophetische Rede, denn die Zungenrede ist nicht für Menschen, sondern nur für Gott. Wohl erbaut der Zungenredner sich selbst, aber nicht die Gemeinde, deshalb ist Gebet nötig, damit auch Auslegung geschehe. Paulus zieht fünf Worte mit Verstand deren zehntausend in Zungen vor.

Die Zungenrede gehört in den Bereich der Ekstase, für die war in

den Kirchen mit strengen liturgischen Vorschriften kein Platz. Das Phänomen ist nicht nur auf das Christentum beschränkt, möglicherweise sind ihm die antiken Sybillen und manches Orakelwesen zuzuordnen. Dabei muß Ekstase nicht nervöse Raserei sein, gerade die Zungenredner beweisen es: Ekstase kann mit der völligen körperlichen Ruhe des Geistbewegten einhergehen. Die Glossolalie, wie Zungenrede auch genannt wird, wird in den Bereich der Schwärmer abgedrängt. Hier in den Pfingstkirchen wird sie dann aber zum Anzeichen der Erwählung und Geisttaufe. Damit ist die Gefahr der Täuschung gegeben, wenn es zur gesetzlich verlangten Aufnahmeerfahrung für eine Gemeinschaft – und in dieser möglicherweise zum Maßstab der Anerkennung und des Aufstiegs in der gemeindlichen Hierarchie wird.
In der Neuzeit hatte es 1906 in Los Angeles begonnen, wo die erste Geistausgießung geschah. Entscheidend war der einäugige schwarze Evangelist W. J. Seymour. Eine bemerkenswerte Zeit folgte, da weiße Prediger ihre Ordination von schwarzen Bischöfen erhielten, bis sich auch die Pfingstbewegung in einen weißen und einen schwarzen Zweig aufspaltete. Über Skandinavien kam die Bewegung nach Deutschland, wo sie auf den heftigen Widerstand der Pietisten stieß, der bis heute noch andauert.
Die Zungenrede hat verschiedene Erscheinungsformen: als Engelssprache ist sie allen Menschen unverständlich, es sei, Gott gebe einen Übersetzer. Obwohl keine menschliche Sprache, so ist es doch kein grammatik- und syntaxloses Gestammel. Wiederkehrende Lautfolgen geben den Eindruck einer gebundenen Rede. Als Fremdsprache sollen Menschen, die niemals zuvor diese Sprache gelernt noch gehört haben, in ihnen gesprochen haben, so daß zufällig anwesende Kenner der jeweiligen Sprache die Bestätigung gaben und zu einer einwandfreien Übersetzung fähig waren. *vis*

Die Autorinnen und Autoren

Kürzel	*Name*
ga	Günter Arras
cf	Dr. Christine Finkbeiner
mf	Michael Frodien
hg	Hartmut Grimm
rg	Reiner Guist
kh	Klaus Jakob Hoffmann
vis	Bernhard v. Issendorff
ck	Carola Krieg
jp	Joachim Proescholdt
mr	K. Martin Reinel
js	Jürgen Seidl
sis	Dr. Siegfried Sunnus
jt	Jürgen Telschow
cw	Christof Warnke
gw	Günter Werk

Register
(soweit nicht als Überschrift eines Artikels)